KB089976

나는 컨설턴트 되고 10배 더 번다

직장인 땐 몰랐던 돈 버는 비밀

나는 컨설턴트 되고 10배 더 번다

초판 1쇄 인쇄일 2019년 11월 8일
초판 1쇄 발행일 2019년 11월 15일

지은이 표정옥
펴낸이 양옥매
디자인 임흥순
교 정 조준경

펴낸곳 도서출판 책과나무
출판등록 제2012-000376
주소 서울특별시 마포구 방울내로 79 이노빌딩 302호
대표전화 02.372.1537 **팩스** 02.372.1538
이메일 booknamu2007@naver.com
홈페이지 www.booknamu.com
ISBN 979-11-5776-802-8(03320)

이 도서의 국립중앙도서관 출판시도서목록(CIP)은 서지정보유통지원 시스템
홈페이지(http://seoji.nl.go.kr)와 국가자료공동목록시스템
(http://www.nl.go.kr/kolisnet)에서 이용하실 수 있습니다.
(CIP제어번호 : CIP2019044516)

나는
컨설턴트 되고
10배 더 번다

표정옥 지음

책과나무

동그라미
마을 사람들에게

동그라미라는 마을이 있다. 이 마을엔 동그라미 모양으로 담이 둘러쳐져 있다. 아주 높고 넓은 울타리 모양의 담인데, 언제 만들어졌는지 아는 사람이 전혀 없다. 태어나며 존재했으니 내 몸처럼 당연히 곁에 있는 것뿐이라 여겼다. 그래서일까. 사람들은 그 담 너머에 무엇이 있는지 궁금해하지 않았다. 오로지 동그라미 안의 삶을 살아가느라 바쁠 따름이었다.

대부분의 사람들은 자신이 살고 있는 마을에 그토록 넓고 긴 담이 이어져 있다는 사실조차 모른 채 평생을 살기도 했다. 우연히 눈에 들어오더라도 애써 사다리를 놓고 담 너머를 넘겨다보려는 시도조차 하지 않았다. 지금 동그라미 안에서 살기도 벅찬데 뭐 하러 헛수고를 하냐며 동그라미 안의 세상만 걱정했다. 그들에겐 동그라미 마을도 너무 넓게만 보였다. 어쩌다 그 담을 넘어 보려는 사람이 생기면 괜한 짓을 한다며 핀잔했다. 그 핀잔에 담을 넘으려던 사람들도 이내 포기하고 말았다.

그런데 어느 날, 바깥세상이 너무나도 궁금했던 한 젊은이가 결국 그 높은 담을 넘고야 말았다. 사람들은 동그라미 밖으로 나갔으니 곧 죽음을 맞이할 것이라며 혀를 찼다. 마을 밖은 너무도 험하고 무섭다는 소문을 사람들은 그대로 믿었다. 그들에게 가장 안전한 곳은 그래서 늘 동그라미 마을 안이었다. 그러나 그들에게 보이는 전부가 동그라미였으니, 그들의 꿈도 그 안에서만 이룰 수 있는 것들뿐이었다. 그 꿈을 이루기 위해 늘 발버둥 쳤지만 그마저도 쉽지 않았다. 한숨이 늘어나고 고통이 심해져도 사람들은 동그라미 마을을 벗어날 생각은 하지 않았다. 아니, 하지 못했다.

"봐, 결국 그 젊은이도 죽었잖아. 그러게 왜 담을 넘어가지고는. 쯧쯧⋯⋯."
"그러게 말이야. 이곳이 가장 안전할 텐데. 결국 헛수고를 하다 죽어 버렸군."

울타리를 벗어난 젊은이의 소식이 끊기자, 마을 사람들은 그가 죽었다 단정 지었다. 사람들은 모두 그의 선택이 어리석었다며 혀를 찼다. 그런데 정말 그 청년은 동그라미 마을을 벗어나 죽었을까?

사람들은 오랫동안 자신이 몸담은 곳을 떠나기 두려워한다. 고시원에서 수년간 목숨 걸듯 공부하고 성과가 없는데도 자리를 고수한다. 직장에 대한 불만이 가득한데 영역을 벗어나 볼 생각은 하지 않는다. 다시 가시방석에 주저앉는다. 따끔따끔 살을 찌르는 고통 속에서도 그저 이를 악문다. 이곳, 동그라미 마을을 벗어나는 게 세상에서 가장 위험하다 여긴다. 아프고 추운데도, 못 견디게 더운데도 참는다. 왜 이곳에서 극도의 인내로 숨 쉬고 있는 건지 자신조차 모르는 비극, 웃어도 행복한 웃음인지 씁쓸한 웃음인지 모르는 흐릿한 판단. 사람들은 그렇게 아직 동그라미 마을에 산다.

20-30대에는 공무원 시험과 자격증 시험에 매달리고, 40-50 대에는 퇴직 후 가맹점 사업에 투자하여 평생 이룬 퇴직금을 날리는 동그라미 마을 사람들에게, 불확실하고 행복하지 않은 수동적인 일을 그만두고 100세 시대에 맞는 나만의 사업을 시작하라고 말하고 싶다. 아픈데도 참아 내는 익숙함으로, 막막한데도 견뎌 내는 인내로 '나'라는 존재를 스스로 학대하는 동그라미 마을 사람들에게 외친다.

탈출하라. 질긴 인내로 얻어진 것이 없다면 대체 왜 망설이는가. 매달 허무한 직장의 굴레로 들어가야 하는 현실, 대체 누구를 위해 아니 무엇을 위해 존재하는지 알 길이 없다면, 벗어나라. 지금이 기회다. 이 책은 더 이상 직장이 삶의 보험이 아니라는 사실을 깨닫고 새로운 출발을 하려는 모든 분들께 엄청난 자신감을 안겨 줄 뿐만 아니라 앞으로의 발전에 커다란 보탬이 될 것이라 확신한다.

2019년 가을 어느 날
표정옥

여섯. 달콤한 유혹의 덫

일곱. 돈이 되는 가치

Money making secrets

하나.

삶을 위한 컨설팅 첫걸음

그렇게 회사를 나오고 나서야 그동안 '동그라미 마을
에 갇혀 살았던 나'를 발견하게 된다. 과감히 동그라미
마을을 벗어나던 순간 더 많은 세상이 존재한다는 사
실을 깨닫는다. 비즈니스에 컨설팅이 필요하다면 삶의
컨설팅은 더 중요하다. 그때까지 삶을 위한 컨설팅이
부재했음을 깨달았다.

'회사'라는
동그라미 마을 안에서

"그럴 거면 이혼해."

"이혼? 정말이야?"

살아가면서 단 한 번도 우리 부부 사이에 '이혼'이라는 말이 터져 나올 거라는 예상을 한 적은 없다. 그런데 다른 사유도 아닌, 우리를 먹고살게 해 주는 회사 탓이다. 아마 이게 대체 무슨 말인가 궁금할 것이다.

때는 지금보다 훨씬 젊은 시절의 어느 날로 돌아간다. 회사는 공신력을 갖춘 곳, 대우도 나쁘지 않다. 남들이 제법 부러워하는, 아니 들어가지 못해 안달인 안정된 회사의 직원이었다.

"탄탄한 회사를 다녀 좋겠어."

"요즘 같은 시대는 그래도 직장이 최고지."

늘 듣던 말이다. 그때나 지금이나 인지도 있는 회사의 직원은 사람들에게 로망이다. 그런 부러움이 자랑스럽고 뿌듯해야 했는데, 솔직히 그렇지 못했음을 고해성사한다. 그 이유가 무엇일지 자못 궁금할 것이다. 기왕 하는 고해성사니 제대로 해 보겠다.

사람들은 당장의 삶이 실은 버겁고 고통스러우면서도 남이 해 주는 평가나 남이 보는 시선을 기준으로 나를 평가하는 오류를 범한다. 괴로워 죽겠는데도 남들이 멋져 보인다고 칭찬하면 애써 고통스러움을 감추고 그럴듯하게 연기해 보이기도 한다. '맞아. 당신이 본 그대로가 나의 모습이야. 어때, 멋지지?' 하면서. 그래 봤자 내 인생만 손해인데 말이다.

아, 맞다. 인정한다. 게서 나는 아니었다고 부정할 자신은 없다. 나 역시 타인의 시선을 완벽히 의식하지 않았다고 할 자신은 없으므로. 해서 좀 힘들고 억울하고 분통이 터져도 남들의 말을 들으며 '그래도 회사에 다니는 게 제법 괜찮은 거지, 여길 때려치우면 어쩌려고?'라며 스스로를 향해 묻는다.

결국 회사가 가족을 지탱해 주는 모든 것이라는 판단을 내린다. 아니, 판단해야만 했다고 하는 게 조금 더 명제에 가까우리라. 그런데 희한한 게 그 모든 것인 회사가 오히려 가족을 일정 불행하게 만드는 요인이 되어 버린다. 이런 모순이 또 어디 있을까.

늘 타인으로부터의 '나'가 되는 게 끔찍이 싫었다. 대우는 같은데 하는 일은 갈수록 더욱 늘어나고 일은 더욱 버거웠으므로. 제아무리 성과를 올려도 회사는 미소를 짓지만 직원은 왜 좋아해야 할지 그 기준을 찾기 어렵다는 결론과 마주했으므로. 그래서 회사가 나와 가족을 지탱해 주는 전부가 아니라는 사실을 결국 깨달았으므로.

기왕 멍석 깔고 차릴 참이니, 솔직히 말하는 게 유리할 듯하다. 그래서 벽을 완벽히 허물고 풀어놓겠다. 그쯤 두렵다면 애초 펜을 들어 백지를 채울 생각도 안 했다. 실컷 반발하고 반격해도 좋다. 그쯤 각오는 단단히 했으니.

솔직히 말해 회사는 늘 분주했고 복잡했다. 편하고 좋았으며 앉아 있으면 절로 웃음이 나왔다는 거짓말은 전혀 하고 싶지 않다. 미래에 대한 희망이 절로 솟아나는 우물 같은 곳이 바로 직장이라는 턱없는 거짓말은 더더욱 하기 싫다. 그래, 한마디로 정신이 없었다. 꼬박꼬박 나오는 월급을 찬양하듯 챙기려면 이 분주하고 복잡하며 정신없는 공간에서 살아야 한다. 아니, 살아내야만 한다. 살아야 하는 것과 살아 내야만 하는 것은 참으로 큰 차이이다.

삶 속에 직장이 존재하면 좋을 테지만 항상 직장 속에 삶이 존재하게 되며 혼란에 빠지기 일쑤다. 늘 직장이 일 순위가 된다. 삶을 위해 직장을 다니는 게 아니라 마치 직장을 다니기 위해 삶을 영위하는 것처럼 얼토당토않게 인생이 역회전한다는 사실을 깨달았다. 뭔가 엉성한데 정신 차리고 확인해 보면 '아, 그랬네.' 하며 뭔가 뒤바뀐 듯한 삶, 그래서 늘 허망하기 짝이 없다. 그 허망함 속에서 미래라는 꿈은 존재하기 어렵다. 숨도 쉬기 어려운데 어찌 콧노래를 부를 수 있으랴. 아, 그래도 꿈을 가지려 노력은 했다. 오로지 직장이라는, 회사라는 틀 안에서만 모든 걸 형성하며.

회사를 벗어난 미래, 회사가 없는 세상은 생각지 않는다. 아니, 생각하지 못한다. 회사를 벗어나기라도 하면 마치 큰일이 나는 듯, 그러면 절대 안 되는 완벽 진리처럼. 받는 월급이 얼마큼이니 이만큼의 꿈을 꿔야 하고, 그 꿈이 백 프로 이뤄질 수 없으니 현실에서 이뤄질 상황은 이만큼이라며 늘 한계치를 고정하며. 그 한계치라도 가득 채우면 행복한 미소가 절로 지어지련만, 어디 그게 쉬우랴. 늘 꿈에는 다다르지 못하는 현실, 그러니 채워진 공간보다 빈 공간이 훨씬 넓어 허탈했을 뿐!

울타리 밖으로
과감히 뛰쳐나가다

그래, 직장인으로서의 삶은 백번 양보하면 '그래도 나오는 월급이 있다'는 한 달 후의 안심 보험 정도, 그 이상도 이하도 아니었다. 그다음 달의 안심 보험을 챙기기 위해 한 달을 채우는 삶이 지속되는 동안 한 해가 흐르고 이 년을 인내했으며 삼 년부터는 버티기가 되어 버렸다. 이제 내게 능동적 쾌감은 어디로 갔는지 알 수 없고, 지시하는 대로만 움직이는 수동적 불편함의 반복적 일상만이 남았다.

그보다 짜증나는 악습관이 또 있을까. 그 삶을 지속하기 위해 분주하고 복잡하며 싫증나는 일들을 악보 위의 도돌이표처럼 늘 불러야만 한다. 마치 노래방에서 듣기 싫은 노래를 겨우 참아 냈는데 또다시 누군가 같은 노래번호를 눌렀을 때처럼. 눈은 웃지 않는데 입술만 억지로 위로 올려 웃으며 즐겁지도 않은데 손뼉을 쳐 대던 어느 순간, 별로 재미없는 삶이라는 노래에 억지로 박수를 치고 있다는 걸 깨달았다.

이대로 회사를 다닐 수는 없겠다고 판단하던 때, 지친 몸을 이끌고 집으로 들어가 한숨으로 보내던 어느 날 아내가 결국 꺼낸 말.

"이혼을 하고 회사를 다니든지, 아니면 회사를 때려치우고 이혼을 하지 말든지."

얼마나 남편이 고단해 보였으면, 얼마나 남편이 하는 일이 행복해 보이지 않았으면, 사랑하는 남편에게 회사를 때려치우든지 아니면 이혼을 하자고 했을까. 세상에! 아내가 이렇듯 세상에서 가장 겁나는 제안을 했을 정도면 내 모습은 도대체 어떤 지경이었을까. 직장은 그때 내게 안심에도 절대 속하지 못하는 보험이었다.

안다. 알고 있었다. 퇴근 시간이 정해져 있지만 일정하지도 않고 그렇다고 엄청난 기회가 주어지는 것도 아니면서 늘 지쳐 있는 남편의 모습이 안쓰러워 그랬다는 사실을. 하지만 어디 사표를 툭 던지고 '나 회사 때려치웁니다.' 하는 게 결코 쉬운 일이 될 수 있으랴, 하고 말할 줄 알았을 테지만……. 웬걸? 과감히 회사를 때려치웠다!

이혼이 겁나서 그랬느냐고? 아니다. 사랑하는 아내는 죽어도 같이 있어야 했지만, 회사는 때려치우려 작정하니 뭐 별거 아니다! 그래도 조금 아쉽지 않았느냐고? 다시 말하지만 아, 니, 다! 태어나 가장 잘한 일은 훌륭한 부모님의 자식이 된 것이고 두 번째는 사랑하는 아내와 결혼한 것이며 세 번째는 직장을 때려치운 것이라고 과감하게 말할 수 있다.

한 회사에서 무려 12년간 근무했다. 강산이 변하고도 넘을 시간, 아니 기간이니 결코 만만한 세월이 아니다. 그동안 12년만큼 늙은 얼굴과 12년만큼 삶을 복잡하게 만든 기억만이 내게 남았다. 저울에 올려놓으면 후회라는 방향으로 추가 훅 기울 것이다. 무엇보다 앞으로 남은 삶이 훨씬 더 많았기에 득이 될 과거의 기억만 나름대로 챙겨 두고 과감히 사표를 쓰게 된다.

그렇게 회사를 나오고 나서야 그동안 '동그라미 마을에 갇혀 살았던 나'를 발견하게 된다. 과감히 동그라미 마을을 벗어나던 순간 더 많은 세상이 존재한다는 사실을 깨닫는다. 비즈니스에 컨설팅이 필요하다면 삶의 컨설팅은 더 중요하다. 그때까지 삶을 위한 컨설팅이 부재했음을 깨달았다.

동그라미 울타리 밖으로 과감하게 뛰쳐나가던 순간, 끝없이 펼쳐진 세상이라는 무대, 겁이 안 났다면 살짝 거짓말일지 모르지만 이상하게도 휘어잡고 싶다는 야망이 훨씬 더 컸기에 그쯤 역시 별거 아니었다. 야망의 불꽃이 뜨겁게 타오른다. 역사는, 세상은, 사업은, 운명처럼 쥐어진 게 아니라 새롭게 만들어 나

감으로써 얼마든지 바꿀 수 있다는, 그 주인공이 내가 될 수 있다는 엄청난 사실이, 더 넓은 세상을 향해 과감히 발을 내딛던 순간 깨달음으로 다가온다.

걱정하지 마시라. 이제 그 삶의 주인공이 당신이 될 수 있을 테니! 멋진 비즈니스 컨설팅으로 멋진 인생의 컨설팅을 짜 보시길!

 한 토막 Q&A

Q. 컨설팅의 의미는 무엇인가요?
A. 컨설팅은 영어로 'consulting'이라 표기하며, ① (한정적) 상담역의 ② (경영 등에 대한) 컨설턴트업을 뜻합니다. 국어사전의 의미로 보면 '어떤 분야에 대해 전문적인 지식을 가진 사람이 상담을 하거나 의견을 제시함'이라 볼 수 있습니다.

직장의 테두리에 갇힌
당신을 위한 조언

직장을 다니지 말라고 하면 열의 열이 "왜?" 하고 물어본다. 그래서 직장에 다니니 좋으냐고, 행복하냐고 물어보면 또 열에 열이 "아니" 혹은 "그다지"로 답한다. 솔직히 마냥 좋다고 말하는 걸 본 적 없다. 표정으로 답을 안다. 먹고살아야 하니 다닌다는 푸념은 오래전이나 지금이나 늘 한결같다.

직장은 절대 성장의 도구가 아니다. 물론 직장을 무작정 다니지 말라는 건 아니다. 살짝 모순이라고? 인정한다. 다만, 나의 주장이 다른 사람과 다르다는 것을 애써 표 나게 설명하자면, 지금의 단락에서 주장하는 바와 일치점을 이룬다. 즉, 경험을 가질 수 있는 계기가 될 수 있으므로.

하지만 그뿐이다. 어떤 경험을 갖기 위해 인간관계성을 배우기 위해 혹은 기본적인 생활의 영위를 위해 잠시 직장을 다녀 보는 건 권고하지만, 문제는 원하는 직장만을 가려니 문제가 된다는 것이다. 설령 원하는 직장을 들어가더라도 생각만큼 행복하지 않다. 그래서 주장하는 것은 어디든 가리지 말고 직장을 다니라는 거다. 경험도 쌓고 인간관계도 배우는 것은 좋으나 그것이 절대적인 목적일 필요는 없다는 것이다.

직장이라는 공간에서 '나'라는 존재를 택해 준 이유는 직장을 통해 '네가 충분히 먹고살게 해 주겠다!'는 목적이 아니다. 그보다는 '너의 능력을 내가 정해진 금액을 주고 사용하겠다.'는 게 더 명제다. 우습게도 실은 직장이 날 필요로 한 것인데도 불구하고 늘 직장에서 온갖 눈치를 봐야 하는 적반하장이 되는 셈이다. 직장은 나를 성장시켜 준다고 말하면서도 그 성장을 빌미로 감당하기 버거운 스트레스를 주고 때로는 질병까지도 안겨 준다. 성장시켜 주겠다면서 왜 악행을 저지르는 것일까. 애초에 목적이 그게 아니라는 반증이다.

나와 너 그리고 우리가 만들어 낸 성과를 통해 자신들의 목적을 이루는 곳, 그곳이 바로 직장이라는 테두리다. 회사는 그래서 직원들에게 딱 먹고살 만큼 혹은 먹고살기 살짝 버거운 정도만 주는 것이다. 마치 큰 배려라도 하는 것처럼, 제법 그럴듯한 미소를 지으면서. 그 이상을 주면 나태해져 열심히 하지 않을 테니 적정선을 정한 거다. 직장의 테두리에 갇히면 누구라도 그

딜레마에 빠질 수밖에 없다.

새로운 것에 대한 도전도 좋지만 경험을 극대화해 특정 분야의 완벽한 전문가가 되는 건 어떨까? 요즘처럼 직장에 들어가기 어려운 때에, 직장인이라도 매일매일이 불안한 이때, 컨설팅 전문가는 새로운 대안이 될 수 있다. 살아오며 경험한 것, 만난 모든 사람들은 귀중한 재산이다. 이 경험을 바탕으로 새로운 직업, 컨설턴트에 도전해 보자.

컨설팅 디렉터가 될 수 있는 분야는 무궁무진하다. 경계선이라는 게 없다. 휴대폰 하나만 있으면 어디든 찾아갈 수 있는 세상이다. 애써 물어 가며 찾아가는 고생도 없다. 참으로 편리한 세상, 컨설턴트로서 활동하기 매우 좋은 환경이고 앞으로 더 편리해질 것이다. 의뢰자가 불편해하지 않는다면 대중교통을 이용해도 무관하다. 그들이 궁금해하는 것은 당신이 이용한 교통수단이 아니다. 일에 대한 재주꾼이 필요할 뿐이다.

자, 아직도 무엇을 할까 고민으로 잠 못 이루고 있다면, 회사를 때려치울까 말까, 사표를 써 둔 채 고민하고 있다면, 공무원 시험에 몇 번 떨어졌는지 이제 세기도 버겁다면……. 그래, 선택은 자유다!

공무원 시험에 매달리는 청춘들에게

노량진에 가 본 사람들은 젊은 사람들이 많이 몰려 있는 모습을 보았을 것이다. 누군가는 공무원 시험을 준비하느라, 누군가는 다른 취업을 준비하느라 공부에 매진한다. 길거리에 서서 밥을 먹기 일쑤고 일 년 내내 영화는 단 한 번도 본 적이 없으며 명절에도 고향에는 가지 않는다. 엄밀히 말해 가지 못한다. 그렇게 하다가는 남들에게 질 수밖에 없기 때문이다.

피를 말리는 치열한 삶의 현장이라고 표현하지만, 실은 삶의 현장으로 가기 전 발버둥치는 곳이라 해야 더 맞다. 상대는 늘 나의 치열한 경쟁 상대이고 상대에게 나 역시 피를 말리게 하는 경쟁자다. 둘 다 가해자도 아니고 피해자도 아닌, 알 수 없는 상대적 존재가 되는 셈이다. 자판기 커피를 마시고 열심히 하자며 서로의 등을 다독이지만, 그러한 커피 친구조차 경쟁자다.

아, 공부하는 마음과 자세를 탓하는 것은 아니니 무작정 반발하지 마시길! 공부는 죽기 직전까지 하는 것이라 하지 않던가. 공부해서 남 주냐는 말은 틀린 말이 아니다. 맞다. 공부하면 다 내가 갖는다. 남을 위해 공부한다는 사람은 없다. 자신을 위해서 죽도록 해 보겠다는데 요즘 말로 왜 딴지를 거냐고 반격해 온다면 싸워야 할지 말아야 할지 좀 헷갈린다. 그러니 일단 묻고 가겠다.

"노량진에서 수년간 공부해서 목표를 이루는 사람이 과연 몇이나 될까요? 아, 무척 많다고요? 그렇군요. 그렇다면 질문 하나 더 하겠습니다. 포기한 사람은요? 그 퍼센트는 얼마나 되죠?"

만일 열에 하나라면 제법 넉넉하다. 열에 아홉이라면 굳이 욕 먹으면서까지 열을 올릴 이유도 없다. 뭐, 그 운대가 내게 오지 않는다는 확신, 나는 절대 될 수 없을 거라는 절망을 안고 하는 게 아니니 손해는 아니라며 손사래를 친다면 여전히 할 말은 없다. 그런데 미안한 건 극히 낮은 확률은 변치 않는다는 애석한 사실이다. 합격자 명단에 오른 사람은 극소수일 뿐!

현실은 지독히 억울하다. 공무원 시험에 떨어졌다고 사회가 보장해 주는가. 회사 입사 지원서를 내고 면접조차 보지 못했다고 사회가, 세상이 그동안의 수고를 보상해 주느냐 말이다. 보상은 고사하고 위로 한마디 없다. 세상이 권고한 게 아니라 스스로 선택한 길이었기에. 결국 위로하는 건 그저 자기 자신뿐이지만 그조차도 다음 시험을 준비하는 데 낭비다. 애써 스스로를 다독일 시간마저 사치가 되는 것이다. 게다가 생각보다 후회도 덜 한다. 알게 모르게 시험에 합격할 확률이 없었다는 걸 스스로 인정하고 시험을 치렀기 때문이다. '미친, 절대 아니라니까?' 하며 따진다면……. 그래, 더는 묻지 않으리다.

삶을 위한 컨설팅의
첫 발걸음

앞에서도 이미 언급했지만 비즈니스에만 컨설팅이 있는 게 아니다. 삶에도 컨설팅이 있다. 이 삶을 위한 컨설팅이 먼저 이뤄져야 제법 그럴듯한 멋진 비즈니스 컨설팅도 가능하다. 그래서 감히 잘난 체 좀 하는 거다. 이 잘난 척에 '제까짓 게 뭐라고 애써 취업하려고 기를 쓰는 사람에게, 삼 년 공무원 시험에 낙방하고 다시 수험서를 펼쳐 든 사람에게 무슨 짓이냐?'고 반문한다면, 다시 말하지만 역시 할 말은……. 없다.

굳이 이유를 대 보자면 문을 열어 둘 테니 한번 들어오라는 잔소리다. 억지로 손을 잡아 문으로 들일 마음은 없다. 들어오고 말고는 그대의 몫이려니. 들어와 하는 후회라고는 뭔가를 듣게 되는 시간일 뿐일 테니. 이 짧은 시간, 책을 모두 읽고 덮게 되는 그 순간조차 아깝다면, 그래서 회사에 들어갈 기회를, 공무원 시험에 합격할 시간을 놓치게 된다면, 얼른 책은 덮고 수험서를 펼쳐 공부에 더 매진하시길 바란다.

우선 당신이 해야 할 일을 감히 권고하자면, 지금 당신이 서 있는 곳이 어디인지 당장 살펴보라. 단순하게도 당신이 서 있는 곳 바로 거기서부터 인생이라는 거대한 컨설팅이 시작된다. 기초가 시작되어야 진짜 전하려는 비즈니스 컨설팅도 완성형을 이룬다. 머리를 숙이고 발끝이 닿은 곳을 보자.

나는 지금 무엇을 하고 있는가. 정확히 어디 서 있는가. 그곳에 있는 목적은 무엇이며 목표는 어떠한가. 목표를 이루기 위한 위치는 올바른가. 헷갈린다면 앞뒤 좌우로 네모 칸을 만들고 안으로 들어가자. 조금 더 자세히 보일 것이다.

취업 준비로 보낸 삼사 년? 공무원 시험에 합격하리라 생각하고 보낸 사오 년? 다시 말하지만 그래도 계속 머물겠다고 우기는 당신에겐 에너지를 방출할 수 없다. 제아무리 좋은 배터리도 장착치 않으면 소용없다. 더군다나 당신의 라이프와 사이즈가 전혀 다르다 우긴다면, 그런 당신에겐 더 이상 해 줄 말이 없다! 어서 다음 취업 시험이, 혹은 공무원 시험이 언제인지 확인해 보시길…….

셀프 인생,
주사위를 굴려라!

인생의 선택은, 삶의 방향은 결국 셀프다. 세상에서 가장 쉬운 셀프서비스인데 세상에서 가장 어려운 것처럼 포장되었다. 주최는 다름 아닌 '나'다. 그걸 부정하려니 세상이 위로하지 않는다며 괜한 투정을 부린다. 아무도 안 보는데 넘어졌으면 혼자 일어나는 수밖에. 누구도 일으켜 주지 않는 현실을 자각해야 한다. 늦을수록 후회의 몫은 커진다.

나는, 너는 그리고 우리는 삶이라는 영화의 주인공이다. 이 영화가 재미있으려면, 멋진 주인공이 되고자 한다면 온전한 셀프라야 한다.

'너의 인생은 그야말로 재미없는 영화야. 한마디로 빵점짜리라는 말이지.'

누군가 도끼눈을 한 채 이렇게 말할까 두렵다면, 애써 관객석에 앉아 머리를 긁적거릴 필요가 없다. 그저 허무한 시간 낭비다. 과감히 일어서자.

지금 무엇으로 고민하는지, 목표한 회사에 백 프로 취업할 자신 있는지, 다음 시험에는 백 프로 합격한다는 자신감이 있는지, 그 확신은 어디서 온 것인지 알 수 없지만 한번 해 본다는 무모성은 용기인지 현실 도피인지 잠시만 묻고 가자. 대체 왜 이곳에 서 있는 것인지, 삶을 위한 온전한 셀프서비스가 되는 것인지, 주사위처럼 툭 떨어지며 무모성에 대한 답을 줄 것이다.

어떤 숫자가 나올까? 주사위에 '0'이라는 숫자는 없다. 어떻게 해도 최소 '1', 그러니까 하나의 고민 덩어리를 안겨 줄 것이다. 하나라면 그래도 인내하겠지만 둘도 셋도 아닌 대여섯 개의 고민이 머리를 흔들어 댄다면? 당신의 선택은 애초에 틀렸다! 감히 권고하건대 당신이 수년간 매달린 수험서를 자신 있게 접어라. 지금 서 있는 자리가 잘못되었음을 깨닫게 될 것이다.

당신 안의
비즈니스 감각을 찾아서

회사를 들어가지 못하면, 혹은 다니던 회사를 때려치우면 망망대해일 것 같다. 하지만 그건 회사라는 울타리 안에 갇혀 동그라미 마을만 알 때의 이야기다. 아는 것이 그뿐이니, 벗어나는 것이 두려운 건 당연하다. 보이는 게 전부라 생각하면 그 범위를 벗어나지 못한다.

자, 직장을 다녀야만 살아갈 수 있다는 고정관념을 버려 보자. 미친, 회사도 없이 어찌 사느냐고? 회사를 못 들어가서 실업자가 수없이 늘어나는 판에 무슨 엉뚱한 소리냐고? 다시 한 번 수다를 떨고 가야겠다. 그렇다면 이 책을 덮어라.

고정관념을 버릴 수 없다면 이 책은 당신에게 한 자도 도움이 될 수 없다. 죽어도 회사, 죽어도 직장을 외치는 당신에겐 회사가 제격이다.

안정된 직장이 무작정 나쁘다 비꼬려는 의도 역시 아니며 무작정 틀렸다 소리치는 것 역시 아니다. 회사 생활에 행복하다면, 지금의 생활이 충분히 만족스럽다면 애써 포기할 이유는 없다. 스트레스라는 것이 무엇인지 모를 만큼 즐겁다면 당신에게 최고의 요지는 직장이다. 그게 아니라면 잠깐 귀 기울여 보라는 거다.

직장 생활을 하며 수없이 사표를 썼지만 앞날 걱정에 제출하지 못했던 사람이라면, 지금 이 순간 씩씩거리며 사표를 쓰는 사람이라면, 엄청난 노력에도 원하는 직장에 들어가지 못한 사람이라면, 도무지 뭘 어찌해야 할지 알 수 없다면, 잠깐 머물러 보라 권고하는 거다.

굳이 직장이 아니더라도 살아갈 방법은 얼마든지 있다. 내 안으로 숨어 버린 능력을 찾아보자. 애써 찾지 않아 깊이 숨어 버렸을 것이다. 사람은 누구나 비즈니스 감각을 갖고 있다. 이러한 감각은 어떻게 발휘되느냐에 따라 큰 가치로 발전할 수 있다. 벌써 여러 번째 입사 시험에도 실패하는데, 여러 해 공무원 시험에 불합격했는데 어떻게 비즈니스가 가능하냐고?

늘 꼴찌에서 맴돌던 친구가 수십 평 아파트에 살고 수억대의 차를 굴리는 걸 본 적 있을 것이다. 공부는 못했지만 비즈니스 감각을 꺼내는 데는 성공한 것이다. 이렇듯 사람은 누구나 적당한 수완을 갖고 있다. 그걸 얼마나 능동적으로 발휘하느냐의 차이일 뿐. 이 능력을 평생 묵혀 두고 살아간다면 얼마나 억울한가. 그걸 끄집어낸다면 당신도 충분히 뛰어난 컨설팅디렉터가 될 수 있다.

이제 회사를 때려치우고 컨설팅으로 성공한 노하우를 한껏 풀어놓으려 한다. 분명 당신에게는 남보다 더 잘 알거나 잘하는 일이 하나쯤 있다. 혹 없어도 문제없다.

기술자가 따로 있는 게 아니다. 얼마나 그것을 더 깊이 더 넓게 파고드느냐가 관건일 뿐이다. 앞서 말했듯 누구나 적당한 수완은 갖고 태어난다.

수년간 취업을 위해 고시원 생활로 고생하는 동안, 어떤 분야를 철저히 파고들면 어떨까. 누구도 근접하지 못할 전문가로 컨설팅디렉터가 되면 어떨까. 내가 아니면 하지 못하는 일, 내가 해 줘야 안심하는 일을 창조하는 거다. 대학에서 전공하지 않아도 좋다. 법적으로 지정된 것이 아니라면 자격증도 필요 없다. 그냥 잘하면 되고 썩 잘하면 아주 좋다.

이제부터 내가 당신 깊숙이 숨은 비즈니스 감각을 찾아내는 방법을 알려 주려고 한다. 혹시 알아? 문득 펼친 한 페이지가 행운을 안겨 줄지. 갈 길을 헤매던 인생을 뒤바꿔 줄 수 있을지.

혹시 안 따라올까 봐 잔소리가 길었다. 이제 본격적으로 컨설팅 설계도, 표정옥이 그간 만들어 낸 도표를 공개하고자 한다.
기대하시라. 개봉박두!

Money making secrets

둘,

동그라미 마을 밖 진짜 세상

동그라미 마을에 갇혀 살면 큰 꿈을 꾸는 것조차 어렵다. 그런 꿈을 왜 가져야 하는지조차 알 수가 없다. 담에 올라 그간 살아온 동그라미 마을을 쳐다보자. 그토록 넓고 커 보이던 세상, 버겁기만 하던 동네가 얼마나 좁은 곳인지 깨닫게 될 것이다. 걱정할 건 없다. 아직 나는, 그대는 늦지 않았다.

동그라미 마을을 벗어난 후
다가온 운명

처음부터 컨설턴트가 될 생각을 한 건 아니다. 시작은 영업이었다. 유치원이나 어린이집을 상대하는 컨설팅 전문가가 될 거라곤 상상도 해 본 적이 없다. 사람에게는 운명이라는 것이 있나 보다. 아니, 어느 순간 스스로 운명을 만들었다는 게 더 정확하겠다.

동그라미 마을을 벗어난 후 다가온 운명은 나를 다시 탄생시켰다. 그리고 후배 컨설턴트를 만들어 낼 재주를 갖게 했다. 전국을 모두 돌아다닐 시간이 없는 내게는 각 지역을 훌륭하게 움직여 줄 후배 컨설턴트가 필요하다. 그 기회들은 온전히 후배들의 몫이다. 이 책이 유치원과 어린이집 컨설팅에 뛰어드는 후배들에게 제 역할을 톡톡히 할 것이다.

사실 회사에 있을 땐 진급이 제법 빨랐다. 어쩌면 진급을 목적으로 일한 날이 더 많았다. 진급이 되면 받는 급료에 차이가 나고 후배들도 더 생기니까. 회사는 몸의 일부라 생각했고 때로는 전부라 생각했다. 그러니 온 정성을 다할 밖에. 온몸을 바쳐 일했다는 표현도 과하지 않다. 그 덕이었는지 생각보다 빠른 승진이 이루어졌고 지점장의 타이틀도 받았다.

하지만 그다음 단계인 이사가 되는 것은 쉽지 않다. 선배들을 보니 마지막 고지로 올라가는 곳에서 대부분 정지해 있었다. 나 역시 더 이상 가속도가 붙지 않았다. 지나온 세월만 봐도 신기할 지경이었다. 그나마 다행인 건, 직장 생활 동안 교육사업의 지식을 갖추고 상담 경험을 쌓았다는 점이다. 그렇게 직장만이 미래를 위한 투자가 아님을 깨닫던 순간, 과감히 사표를 제출한다.

회사를 그만뒀을 때 아는 후배가 적극적으로 권한 게 하나 있었다. 어린이 교재를 만들어 납품하는 일이었다. 창업지원이 한창 붐을 이루던 때, 창업지원센터를 통해 아이교육연구소를 창업했다. 유치원용 책을 만들어 전국지사에 납품하기 시작, 꿈과 함께 희망도 크게 부풀었다. 하지만 처음 해 보는 일이 쉬울 리 있나. 현실은 늘 마음과 정반대로 움직이게 마련이다.

당시 유치원시장을 전혀 몰랐다. 부모들이 어린아이 때부터 각별히 교육에 신경을 쓴다는 정도, 말 그대로 누구나 아는 만큼의 수준, 그쯤으로 뭘 하랴. 지사들은 영업을 계속했지만 유치원시장을 모르니 막막한 게 한두 가지가 아니었다. 요구 사항이 너무 많은 데다 무슨 말을 하는지도 알아듣기 어려워 곧장 이행하지 못한다. 뭔가를 물어 오더라도 시원스러운 답을 할 수가 없다.

그런 와중에도 회사를 괜히 그만뒀나 하는 생각이나 후회는 들지 않았다. 처음부터 배부른 일이 어디 있으랴. 그쯤의 각오는 단단히 한 상태, 곧장 다른 사람에게 인계하고 스스로 해 보리라 생각한다. 직접 뛰는 현장 경험, 지긋지긋한 회사 생활을 그만둔 건 속 시원했지만 앞날이 보장된 게 아니니 한 치의 염려도 없었다면 거짓말이다.

그래, 이렇게 된 것 이왕 직접 판로를 개척하리라 단단히 작정한다. 살펴보니 경기도 안양에는 지사가 없다. 처음 안양으로 가게 된 계기다. 중간유통 단계 없이 생산자인 내가 소비자인 유치원과 어린이집을 직접 상대해야 하는 상황. 지금이야 스마트폰만 두드려도 한 지역의 유치원이나 어린이집을 쉽게 검색할 수 있지만 그 당시엔 상황이 달랐다. 그런 점에서 보면, 이 책을 읽으며 마케팅디렉터가 되려는 후배들은 큰 행운아다. 훨씬 편한 세상에 살고 있으니.

때로는 단순무식한 게 좋다. 차를 타고 지나다 유치원이나 어린이집 간판만 보이면 무작정 차를 돌린다. 그리고 일단 문을 두드린다. 아무것도 알지 못한 채 어린이 책을 직접 만들었으니 무작정 사 달라고 졸라 볼 요량, 맨땅에 헤딩이다!

 한 토막 Q&A

Q. 컨설턴트는 한마디로 어떤 직업인가요?
A. 컨설턴트(consultant)는 고객의 의뢰를 받아 특정 문제 또는 분야에 관한 조언을 제공하거나 업무를 수행하는 전문가를 일컫는 말입니다. '신중히 논의하여 결정하다'는 뜻의 라틴어인 'consultare'에서 유래하였습니다.

호랑이 굴에 들어가 호랑이 유혹하기

유치원 교재를 직접 만들었다. 그리 어려운 작업은 아니다. 유치원의 영어 교재라고 하는 것이 중·고등학교의 영어 교재처럼 어렵게 만들어지는 건 아니다. 중학생이면 한두 시간 안에 훑어 볼 수 있을 정도라 생각하면 되겠다. 그림 그리는 사람을 섭외하고 영어 교재를 직접 만들었다.

이때까지는 유치원 전문 컨설턴트가 아니다. 당시는 마냥 유치원 교재를 전문적으로 팔 요량으로 직접 책을 제작했던 것뿐이다. 얼마큼 팔면 직장 생활보다는 낫겠지 싶은 생각, 그래 딱 그쯤, 그러다 대박이라도 나면 얼씨구나 춤출 테니, 일단 책을 많이 파는 것만이 온전한 목표다.

그렇게 직접 만든 영어 교재를 가지고 이제 유치원을 직접 찾아 나선다. 유치원이나 어린이집 간판이 보이면 반가우면서도 두렵다. 그 마음은 영업을 해 보지 않은 사람이라면 알 수 없다. 찾는 곳이 나타나 반갑지만 또 어떤 거절을 당할지 모르는 애절한 마음, 그렇게 유치원 문 두드리기가 시작된다.

유치원 아이들의 교재는 수없이 많다. 초등학교나 중등 교재보다 그 종류도 더 다양하다. 교육열이 유치원이나 어린이 집부터 시작된다고 한다. 희한도 하지, 뭔가를 팔려고 작정하면 죄다 보이는 게 팔려는 것과 유사하다. 평소 안 보이던 것들이 툭 튀어나오고 정말 뛰어난 것들엔 살짝 기도 죽는다. 세상일이 그래서 만만치 않다. 유치원이라고 다르랴. 시장을 뚫는 게 쉽지 않다. 어쩌겠어, 작정한 일이니 일단 판을 벌인다.

호랑이를 잡으려면 호랑이 굴에 가라 하지 않던가. 유치원 교재를 팔려면 어디를 들어가야 하겠는가. 답이 너무 쉬워 더 묻지 않겠다. 유치원 원장실을 들어가는 절차까지는 차라리 덜 어렵다. 문제는 어느 유치원이든 수많은 사람이 온갖 것을 갖고 찾아온다는 거다. 이미 유치원 안을 가득 채운 모든 것들이 그런 수순을 밟은 것들이다. 결국 나는 그중 한 사람일 뿐이다.

하지만 잘 생각해 보면 어느 곳이나 다 마찬가지다. 차를 파는 사람이 차가 없는 사람만 상대해 차를 팔 수 있나. 오히려 차를 몰고 다니는 사람이 살 확률이 높다. 자전거만 타는 사람에게 차를 팔기가 더 어려운 법이다.

없는 게 없는 세상이다! 유치원에 가면 유치원에 필요한 건 다 있고 주부들 모인 곳에 가 보면 주부들에게 필요한 건 다 있다. 어디든 넘쳐 탈이지 부족한 건 없다. 하지만 맛집이 어디 주변 식당이 없어 대박을 내던가. 오히려 옷가게가 즐비한 거리라야 대박 옷집도 나온다. 있다고 불가능하다 여기면 없어도 불가능하다.

호랑이 굴이 보인다. 이제 들어갈 곳, 용감히 차를 멈춘다. 웬걸? 호랑이 굴에 들어가는 건 생각보다 어렵지 않다. 막말로 낯짝만 두껍다면 별일도 아니다. 일단 문을 두드린 후 들어가면 그만. 하지만 호랑이를 유혹하는 일은 생각보다 어렵다. 왜? 앞서 말했듯 호랑이 굴에 오는 사람이 한둘이 아니다. 게다가 이미 호랑이를 잡은 사람들이 더 많다.

전쟁터에 들어섰지만 더 뛰어난 창이나 방패를 든 것도 아니다. 그러니 더욱 방법이 절묘해야 이 전쟁에서 살아남을 수 있다! 이기지는 못할지언정 살아남기는 해야 할 것이 아닌가. 그래도 창을 든다. 나는 당신과 싸울 준비가 되었노라고.

열 번 찍어
안 넘어가는 나무 없다

자, 그럼 어떻게 호랑이를 유혹했는지, 그러니까 유치원 영어 교재 판매에 성공한 나의 이야기를 펼쳐 보겠다. 일단 거절에 익숙함을 넘어 능숙해져야 한다. 뭐든 능숙해지면 별거 아니다.

"안녕하세요. 이것 좀 써 보실래요?" 한다고 어느 누가 "네, 얼마죠?" 하고 곧장 지갑을 열겠는가. 소개하는 데까지는 귀찮아도 어쩔 수 없이 들어 준다. 아니, 들어 주는 척은 한다. 문제는 예의를 살짝 지키더라도 열에 아홉은 거절한다는 점이다. 솔직히 열에 열이 다 거절한다! 때로는 한 사람이 끼어들어 열에 열하나가 거절할 때도 있다.

젠장, 야속하고 속 터지는 일이지만 당장 구할 곳 없어 절절매는 게 아닌 이상, 상대방이 버선발로 환영할 줄 알았더냐. 게다가 진즉 장사치들이 진을 쳤을 게 뻔한데. 고로, 거절에 능숙해져야 한다. 처음부터 거절당할 줄 알고 가면 별로 겁날 게 없다.

무엇이든 아픈 일은 '겨우', '따위'쯤으로 여기면 된다. 그럼 덜 아프고 덜 속상하다. 그래 봤자 겨우 거절당했을 뿐이다. 겨우 거절 따위에 기죽을 일이 뭐 있으랴. 뭐든 그리 생각하면 진짜 별거 아니다. 다만, 중요한 것은 거절한다고 포기하지 말라는 것이다. 빠른 포기와 빠른 후회가 충돌하는 순간, 일은 망, 한, 다!

일단 호랑이 굴로 무작정 뛰어 들어간 후, 처음부터 호랑이를 잡을 심산이라면 과한 욕심! 일단 내가 누군지, 뭘 하는 사람인지 정도만 보여 준다. "저, 어디 어디서 나온 누구입니다." 하고 말하면 "아, 예. 정말 반갑습니다."할 것 같지만 "지금 제가 좀 바빠서요."라든가 "원장님이 출타 중이시라서요."와 유사한 몇 가지 중 하나로 답한다. 황당무계한 답도 꽤 된다. 괜찮다. 능숙해지면 그만이다!

입장 바꿔 생각해 보자. 나를 찾았던 누군가에게 심심치 않게 했던 단순한 방법일 거다. 내가 거절할 때는 몰랐는데 거절당하고 보니 몹시 난감하지만, 앞서 말했듯 그들은 당연히 거절할 테고 나는 당연히 거절쯤이야 하고 생각하면 그만이다.

그래도 꾸준히 찾아간다. 아니, 무조건 찾아가야 한다. 열 번 찍어 안 넘어가는 나무 없다는 말을 누가 만들었는지, 찾게 되면 상 하나 주고 싶다. 사실 열 번도 필요 없다. 두 번 세 번 찾아오면 '뭐지?' 하고 보게 된다. 그러니 계속 찾아가면 힐끔 쳐다는 본다. 사람 마음이라는 게 원래 그런 거니까.

"뭐 하는 사람인데 자꾸 온대?"

"어머, 또 왔네?"

사람들은 속으로 흉을 볼지언정 상대방의 웃는 얼굴엔 차마 성내지 못한다. 스피커로 계란이 왔다고 매일 떠드는 장사꾼이 오면 마냥 시끄럽게 여기다가도 어느 날 "저기요. 계란 한 판만 줄래요?" 하는 일이 생긴다. 그런데 그 계란이 알고 보니 물건도 괜찮아, 값은 더 저렴한데 "한 판이요? 아휴 열 개도 드려요. 필요한 만큼만 가져가세요." 하면 "웬걸? 사람도 좋네!" 하며 칭찬까지 덤으로 주게 된다. 그럼 단골이 될 수밖에.

아, 아직 전문컨설턴트 일을 시작한 것도 아닌데 이렇게 영업에 대한 전략까지 전해 주니 책값을 두 배로 받아야 마땅한 건 아닌지 살짝 헷갈린다.

나를 각인시키는
요일별 의상 체크법

어떤 답이 나올지 빤히 알면서도 들어간다. 그리고 또 나를 소개한다. 밖으로 몸을 밀어내며 쫓아내지 않는 이상, 처음엔 살짝 막무가내로 일단 내가 누구인지 이야기한다. 한 번 보았다고 누가 날 기억하랴. 그러니 또 가야 한다. 그래서 머리를 좀 쓰기 시작한다. 머리는 쓰라고 존재한다. 실컷 쓰고 죽어도 다 못 쓰고 죽는단다. 그러니 세상 아끼지 말 것이 머리다. 돈도 안 드는데 왕창 쓰고 죽자!

월요일엔 빨간 넥타이! '비 오는 수요일엔 빨간 장미를'이라는 노랫말은 알아도 월요일엔 빨간 넥타이라니 무슨 소리냐 할 것 같다. 인터넷 기사를 보면 같은 옷인데 서로 다른 느낌이라며 연예인들을 비교하는 내용의 사진과 글이 자주 올라온다. 이렇듯 옷은 누군가의 이미지를 형성하는 구실을 한다.

워낙 많은 유치원, 즉 판매처를 찾아가니 헷갈릴 지경, 영업하는 사람들이 동선을 정확히 정하지 않고 움직이면 사단이 난다. 어떤 유치원을 어느 요일 몇 시에 찾았는지 헷갈려 헤맨다면, 그 영업은 벌써 실패한 것이다. 찾아가는 이가 장소도 온전히 기억하지 못한다면 목적 없이 받아들이는 사람은 상대인 '나'를 기억할 리 없다. 그래서 착안한 것이 요일별 분리다.

요일별로 찾아가는 유치원을 정한다. 신경을 단단히 쓴 부분이 있는데 다름 아닌 옷이다. 월요일에 방문하는 유치원과 화요일에 방문하는 유치원 등 요일별 방문하는 유치원 리스트를 작성하여, 매 요일 같은 옷을 입는 것. 방문자가 되는 '나'를 시각적으로 각인시키기 위함이다. 수완이 좋아야 사람이 모여들고 수완이 뛰어나야 돈이 만들어진다.

월요일엔 푸른 셔츠에 빨간 넥타이를, 화요일엔 흰 셔츠에 파란 넥타이를……. 이런 식으로 각 요일별로 입을 옷을 정해 두고 요일별로 방문했던 곳을 같은 시각에 찾는다. 헷갈리지 않아 좋다! 그렇게 매 요일별로 꾸준히 찾아가니 어느 날은 속살거림이 들려온다.

"아, 그 붉은 넥타이 하고 오는 사람?"

"월요일, 그 빨간 넥타이?"

"매주 수요일, 녹색 옷?"

설명에만 열을 올리면 자칫 말 많은 사람으로 보일 수 있다. 희한도 하지, 평소 말 많기로 소문난 유치원 원장도 막상 말 많은 상대는 싫어한다는 사실, 제 말 많은 줄은 몰라도 남 말 많은 건 원래 듣기 싫은 법이다.

이렇듯 각 요일별로 옷을 입으면 시각적으로 큰 효과를 준다. 원색이면 좋다. 좀 더 강렬한 색이라야 쉬이 각인되고 '나'라는 사람을, '나'라는 존재를 인지한다. 각인된 이미지는 상대를 궁금하게 만든다. 매주 월요일이면 어김없이 붉은 넥타이를 착용하고 오던 사람이 같은 요일인데 웬일인지 보이지 않는다면?

"그 빨간 넥타이. 무슨 일 생긴 건가?"

"오늘 월요일 맞아? 왜 안 오지?"

"누가요?"

"왜 그 빨간 넥타이……."

은연중 묻고 은연중 답한다. 상대끼리 나를 궁금해하는 것이다. 희한도 하지, 자신도 모르는 사이에 누군가를 깊이 각인한다. 배우 아무개하면 뭔가 시각적으로 연상되고 개그맨 누구하면 특유의 표정이나 제스처가 떠오르듯, 상대에게 시각적 이미지를 새기는 건 중요한 포인트다. 영업은 정성도 중요하지만 수완이 따라야 시너지가 생긴다.

오래전 TV에서 중국집 배달원이 정장을 입고 배달하는 모습을 본 적이 있다. 이후 매출이 훨씬 올랐단다. 깔끔한 정장을 입고 짜장면과 짬뽕을 배달해 주니 음식도 깔끔하게 느껴진 것. 배달원이 입은 깔끔한 옷과 짜장면의 맛이 관계성을 이뤄 매출 성장의 성과를 낸 것이다. 이처럼 상대에게 보이는 이미지는 명함만큼이나 중요하다. 누구든 사람을 보고 난 후 묻는다. 묻고 난 후 상대를 쳐다보는 사람은 없지 않은가.

방문해야 할 목록을 만들자. 요일별로 또 다른 목록을 작성, 요일별 코스가 정해지면 요일별 옷을 정한다. 단, 너무 튀면 사람은 안 떠오르고 옷만 기억하는 역효과를 볼 수 있으니 무난한 디자인보다 살짝 튀는 옷을 선택, 눈에는 확 띄지만 유난스럽지 않은 옷이 좋다. 단정하되 멋스러운 옷, 살짝 어렵다면 옷 잘 입는 친구들에게 부탁해 보자. 옷에 대한 컨설팅을 구하는 것이다. 어떤 경우라도 깔끔해야 한다.

단순하지만 효과는 높은 전략, 나와 상대를 잇는 연결 수단이 될 수 있다. 요일별로 옷을 입으면 여러 편리성이 생긴다. 밖으로 나갈 때마다 뭘 입을지 고민하느라 시간 낭비한 적이 꽤나 있을 것이다. 그러나 입을 옷이 정해져 있어 고민할 필요가 없다. 그만큼 허튼 시간 낭비를 줄일 뿐만 아니라 토, 일 휴무의 세상, 옷 다섯 벌로 일주일간 망설임 없는 방문이 가능하다. 옷값도 아끼고 효과는 높이는 요일별 의상 체크법, 잘 활용하자.

동그라미 마을 밖
나만의 진짜 세상

컨설턴트로 일을 하겠다는 사람들이건, 영업을 주목적으로 움직이는 사람들이건 같은 실수를 한다. 지나치게 큰 야망을 품는 것, 안전거리를 확보하지 않고 달리는 것이다. 자신이 하려는 컨설팅이나 영업에 관하여 크고 원대한 꿈을 꾼다. 대한민국 모든 사람을 내 안에 끌어들일 욕심을 품는다. 꿈은 클수록 좋다는 그럴듯한 이유를 댄다. 흔한 말이지만 넘치는 건 살짝 부족함만 못하다.

누구든 움직일 수 있는 안전거리가 있다. 영업이나 컨설팅전문가나 안전거리는 필수다. 요일별로 가깝게 코스를 짜라. 동선이 가까워야 힘은 덜 들고 효과는 크다. 이동하느라 시간을 다 빼앗기면 길에 나가 돈을 뿌리는 것과 같다.

손으로 들 수 있는 무게의 한계가 있다. 버거운 공을 무리해 들면 팔이 부러지거나 상처를 입기 마련, 겨우 들었다 하더라도 멀리 던지는 건 불가능하다. 공을 던졌을 때 날아가 떨어지는 한계도 있다. 공이 떨어진 지점과 나 사이 줄을 잇자. 그리고 둥글게 원을 그리자. 멋진 원이 그려질 것이다.

또 동그라미 마을에 갇히는 게 아니냐고? 천만에, 이미 동그라미 마을 밖으로 나온 상황이다. 넓고 넓은 광야에서 나의 범위를 찾는 작업이다. 본디 같은 모양이라도 다른 게 세상엔 참 많다. 동그라미 마을 안은 모두 같은 공간에 모여 사는 것이며 동그라미 마을 밖 둥근 원은 각자에게 주어진 개별적 공간이다. 동그라미 마을 안과는 전혀 다른 세상인 것이다. 염려는 붙들어 매두시길.

이제 사방으로 공을 던진다. 동서남북 어디로 던져도 공은 처음 던졌던 범위 이상으로 나가지 않는다. 그게 한계지점인데, 생각보다 좁지 않다. 그 좁아 보이는 원이라도 아무것도 모르고 살던 동그라미 마을보다는 훨씬 넓다. 직접 뛰어 원을 달려 보라. 헉헉거리며 숨도 쉬기 버거울 것이다. 염려할 것 없다. 내 범위가 아주 좁지 않으므로. 거기서도 헉헉거리며 대한민국 모두를 상대할 꿈을 꾼다면, 꿈만 원대할 뿐이다. 쉽게 다다를 수 있는 범위라야 안전하다. 완전하려면 우선 안전해야 한다. 불안전하면 결국 불완전해진다.

나를 중심으로 만들어진 한계지점의 원, 그 넓이를 쳐다보라. 나만의 작은 원인데도 그야말로 광대하다. 누구에게나 자신만 소유할 수 있는 멋진 원이 있다. 그것은 작고 초라한 동그라미 마을엔 없다. 이 원은 혼자 소유할 자격이 있음에도 모두 모여 살던 동그라미 마을보다 백배는 더 크고 넓다. 백 명이 누리는 천 평보다 혼자 누리는 백 평이 훨씬 더 크다. 그리고 어느 순간 그 백 평이 천 평이 되고 만 평도 된다. 혼자 실컷 누릴 수 있는 갖가지가 나로 만들어지는 것이다.

내가 경기도에서 일을 시작하고 주로 경기도 내에서 유치원 전문컨설턴트로 일한 이유도 바로 여기에 있다. 대한민국이 좁은 듯해도 만만한 땅덩어리가 아니다. 이게 바로 동그라미 마을 밖에 존재하는 나만의 진짜 세상이다.

요일별로 찾아갈 수 있는 곳의 동선을 만들되 너무 넓지 않아야 한다. 목표한 곳이 광활하지 않다고 해서, 전국 네트워크 시스템이 당장 갖춰져 있지 않다 해서 성공의 폭도 덩달아 좁아지는 게 아니다. 찾아갈 상대들이 오히려 같은 업종끼리 네트워크를 형성하고 있어 애써 스스로 할 필요가 없다.

유명 맛집을 보자. 운이 좋아 텔레비전 방송을 타 전국 각지에서 몰려오는 진풍경이 벌어지기도 하지만 그렇지 않을 때도 문정성시를 이뤘으니 방송에서도 관심을 둔 거다. 처음 맛집을 유지시켜 준 건 바로 이동거리가 가까운 소비자들이다.

범위가 넓지 않아도 얼마든지 목표를 이룰 수 있다. 강원도에서 특화된 컨설팅으로 미래 성장을 목표한다면 일단 목표를 강원도로 정해야 바람직하다. 그중 다시 내가 속한 지역을 중심으로 다시 영역을 잡는다. 자르고 잘라도 우리 지역도 만만치 않다.

가장 잘 아는 분야이니, 유치원을 예로 들겠다. 전국의 유치원 수는 엄청나다. 전국의 모든 유치원을 상대로 나 혼자 컨설턴트로 모든 일을 할 수는 없다. 어느 한 지역의 유치원만 모두 방문하려고 해도 몇 날 며칠이 걸린다. 게다가 상품을 소개하는 데 걸리는 시간, 판매가 되고 부가가치를 이루는 데 걸리는 시간까지⋯⋯. 직접 뛰어 보라. 숨 쉬기도 버겁다는 걸 깨닫게 될 것이다.

경기도 지역에서 유치원 컨설팅으로 이룬 성과를 나머지 지역에서도 얼마든지 이룰 수 있다. 지금까지 해 온 대로 강원도에서, 충청도에서 얼마든지 가능하다. 그대로만 실천해도 충분한 부가가치를 만들 수 있다. 당신은 나보다 더 넓은 곳에서 뛸 수 있다. 동그라미 마을을 벗어나면 더 큰 광야에 나만의 원을 따로 만들고 그 영역을 실컷 뛰어다닐 수 있다. 누구도 침범할 수 없도록 만들면 된다.

한 지역, 내가 살고 있는 곳을 절대 우습게 여기지 마라. 명동이나 강남 한복판도 아닌데 맛집으로 소문나 문전성시를 이루는 곳이 많다. 어느 곳이든 집단을 이룬 곳은 절대 작은 무대가 아니다. 하루 동안 방문하고, 설명하고, 전달하고 돌아와 저녁 식사가 가능한 지역을 목표로 하라. 그래야 혹여 실수가 있을 경우 곧장 찾아갈 수 있다.

급한 일도 아닌데 곧장 보자고 서두르는 사람이 생각보다 많다. 상대는 불편한 걸 쉽게 주문한다. 절대 내 마음과 같지 않다. 이처럼 여러 가지 이유로 유동 거리의 한계는 중요하다. 부를 때 쉬이 찾아갈 거리여야 한다. 위급한 것도 아닌데 위급한 것처럼 부르는 게 상대다. 소비를 하려는 사람은 손에 돈을 쥐고 있으면 당장 찾아와 물건을 꺼내 놓길 바란다. 잘 알 것이다. 솔직히 우리나라 사람들은 뭐든 급하다.

내 가까이에서 안 되는 일은 내 능력이 부족하거나 게을러서다. 지역이 협소해서가 아니다. 가까이에서 하지 못한 일은 영역을 벗어나면 더욱 버겁다. 다시 되돌아오는 길이 천리만리처럼 느껴진다. 성과도 없이 돌아오는 길이 멀기까지 하면 이 말이 떠오를 것이다.

'포기하자.'

'나는 할 수 없다.'

'애초에 하지 말았어야 했다.'

범위를 잘 정하면 후회는 없다. 엉성한 마라톤 선수가 되지 말고 완벽한 백 미터 선수가 되라는 말이다. 다른 건 몰라도 최소 원 안에서만큼은 최고 소리를 들을 수 있다. 특히나 이미 나를 필요로 했던 사람들은 애써 외부로 나가지 않는다. 상대 역시 시간 낭비를 할 이유가 없다.

모든 공간을 다 채워도 염려할 것 없다. 인정한 사람들은 계속해서 나라는 사람만 찾을 것이다. 완벽히 해결할 능력자를 가까이 두고 애써 모르는 사람을 찾을 바보는 없다. 본디 소문이란 게 세상에서 가장 무섭다. 능숙히 일을 해내고 있으면 걱정은 따위에 불과하다. 그럴 때쯤 사방에서 부르는 소리가 들려온다.

특별한 명함의 힘, 가격경쟁력

적게 들이고 많이 버는 사업은 나쁜 게 아니다. 옳게 벌고 좋게 쓰인다면 그보다 뛰어난, 아니 훌륭한 일도 없다. 애초 비즈니스의 목적은 돈이다. 컨설팅의 목적도 결국엔 돈이다. 부가가치 창출은 보람찬 일이다.

실상 유치원도 경영이다. 손해를 보려고 유치원을 운영하는 멍청한 사람은 없을 것이다. 당연히 운영자로서의 부담이 있다. 같은 상황이라면 저비용 고효율을 원하는 것 역시 당연하다.

처음 유치원을 방문하며 책자를 소개했을 때 반응이 시큰둥했다. 문전박대까지는 아니더라도, 알고 보면 결국 영업이니 만만할 리 없다. 앞서 이야기했듯 '나'에 대한 각인은 나름대로 성공했지만 이제 '내가 파는 상품'에 대한 고민이 또 생긴다.

우리 책이 다른 교재에 비해 무엇이 문제일까를 고민한다. 책의 내용은 질적으로 대형업체와 크게 차이 나지 않는다. 직접 교육을 받는 아이들에게 물어도 흥미로워한다. 학부모들에게 물어도 매우 긍정적이다. 그럼 왜 안 사려고 한 걸까? 이유는 생각 외로 단순하다.

첫째 브랜드가 주는 차이, 쉬이 말해 같은 값을 치르고 살 거라면 인지도가 큰 브랜드를 구매했던 것. 지극히 당연한 일인데 바보처럼 '왜?' 하고 고민한 것이다. 같은 십만 원을 주고 운동화를 산다면 유명메이커를 사기 마련, 그렇다면 방법은 하나뿐! 말 그대로 가격으로의 승부수!

어느 곳이든 운영자는 지출대비 최고 효과를 원한다. 같은 물건 같은 수준의 제품이라면 브랜드가 앞서지만 가격이 다를 경우에는 판단이 달라질 수 있다. 유명 브랜드와 일단 질을 비교 분석한 후 별 차이가 없다면 가격이 싼 제품에 관심을 갖게 되는 것이다.

책 가격을 내렸다. 무작정 내렸다. 다른 업체보다 한참을 할인했다. 같은 가격대로는 절대 경쟁에서 이길 방법이 없다. 게다가 이미 선점하고 있는 업체들이 많아 가격 할인 이외의 방법으로는 경쟁 자체가 불가능하다. 하지만 또 하나의 걱정은 소규모의 판매로는 이득이 많지 않아, 판매가 부진할 경우 이득이 생기지 않거나 자칫 손해 볼 우려가 있었다. 더 철저한 방문 계획을 세워야 했다.

방문 계획은 그래서 보다 더 면밀하고 구체적이어야 한다. 기왕이면 같은 요일의 같은 시각, 같은 옷을 입고 등장한다. 앞서 말한 대로 영업이 이뤄지는 것이다. 관심을 두는 곳이 생긴다. 자, 이제 내 물건이 타 업체들에서 파는 것보다 훨씬 저렴하다는 것을 각인시켜야 한다. 멍석 깔아 줬을 때 판을 벌여야 한다. 그 판에 그 춤이라면 누구도 박수 쳐 줄 리 없다.

자, 그럼 어떤 방법이 있을까. 무작정 시장에서 마지막 물건을 팔 듯 소리를 지를 수는 없는 노릇, 그래서 생각해 낸다. 명함에 직접 가격을 표시하는 방법! 명함은 애써 연락할 이유가 생기지 않는 이상 그냥 명함첩에 처박아 두기 마련, 하지만 이때 연락처보다 판매 물건의 가격을 더 잘 보이도록 인쇄해 전하면 효과가 크다.

맞다. 매우 장삿속으로 보인다. 그런데 괜찮다. 물건을 팔러 왔던 사람이 잇속을 차리려는 건 불법 행위가 절대 아니다. 다른 업체보다 저렴한 가격을 눈에 띄게 표했다고 흉볼 사람은 없다. 부도덕한 행위 역시 아니다. 이렇게 명함에 가격을 눈에 띄게 인쇄해 전달 시 반드시 묻는 사람이 생긴다.

"어디어디 교제는 우리가 권당 5,000원에 구매했는데 지금 놓고 가신 교재는 3,500원 이라는 거죠? 명함을 보니……."

물은 사람은 기존 교재와 충분히 비교한 후다. 정확한 확인을 위해 재차 물은 것뿐, 차이는 없어 보이는데 가격은 저렴하니 일단 전화를 걸어 본 것이다. 명함에 가격을 직접 인쇄하면 이 효과로 나타난다.

명함이 중요한 것은 가격경쟁력에 대한 이미지 구현에 있다. 무슨 말이냐 하면 이름, 연락처 가까이 가격을 내세우면 그만큼 자신감의 표시로 여긴다. 말하지 않아도 상품에 대한 자신감이 커 보인다. 낮은 가격이지만 상품에 관한한 자신 있다는 이미지가 곧장 각인된다.

우리가 흔히 뭔가 강력한 주장이 필요할 때 아무개의 이름을 건다, 라고 한다. 가격을 곧장 새김으로써 내 이름을 건다고 각인되는 것이다. 요즘은 식품에도 생산자의 이름을 바로 옆에 명시한다. 이름을 걸고 판매하니 소비자가 믿고 구매하는 것이다. 이름과 가격을 명함에 곧장 명시, 상품에 대한 이미지와 구매 계획을 동시 유발한다. 이 두 효과가 충돌하는 순간 '일단 전화라도 해 볼까?' 하는 것이다.

상대가 연락을 해 왔다면 절반의 성공! 시작이 반이 되는 이유, 바로 이쯤이리라. 영업을 해 본 사람들은 잘 안다. 또 얘기하건대 동업종 사람들끼리는 네트워크 형성이 잘돼 있다. 보다 빠른 정보를 얻고 동종 업체들과 협력하기 위함이며 때로는 철저하게 경쟁하기 위함이다. 소개한 상품을 구매한 유치원 원장들이 가격 대비 효과를 보고 형성된 네트워크를 통해 전달해 주게 된다.

"김 원장님, 그 교재 써 봤어요? 가격은 저렴한데 아주 우수하더라고요. 아, 연락처요? 제가 받은 명함 찍어 보내 드릴게요. 명함에 가격도 쓰여 있어요."

판매하려는 물건이 존재할 경우이지만, 오늘 명함을 찍을 거라면 한 시간만 머리를 굴리자. 촌스럽지 않게, 유난스럽지 않게 그러나 남과는 다르다는 표는 확실하게.

사람들은 아이디어가 뛰어난 상품을 절대 흉보지 않는다. 좋은 아이템으로 승부를 걸면 시기보다 칭찬을 한다. 획기적 아이디어로 매출을 올리는 업체에 '겨우 저딴 게?' 하고 흉보는 사람은 없다. 번뜩이는 아이디어에 고개를 끄덕이고 창의성에 대해 인정한다. 나는 왜 진즉 저런 생각을 하지 못한 걸까? 생각해 본 적이 다 있을 것이다. 이미 칭찬한 셈이다!

가격이 아니더라도 명함에 특별함을 주면 제법 효과가 있다. 나는 다르다는 이미지로 시작할 수 있다. 명함을 찍기 전 한 번만 고민하자. 얼마 지나지 않아 휴대전화 벨이 울릴 것이다.

동그라미 마을 밖으로 나간
젊은이, 그 후

그러던 어느 날이었다.

"제가 돌아왔습니다."

동그라미 울타리에 곧게 서서 소리치는 사람은 다름 아닌 울타리를 벗어났던 젊은이다. 그가 죽었을 거라고 모두들 수군댔지만 젊은이는 동그라미 마을에 살 때와는 비교도 할 수 없는 멋진 모습이다. 동그라미 마을에 살 때와는 얼굴빛부터 다르다. 누가 보더라도 성공한 사람이다. 동네 사람들이 더 놀라워한 것은 전에 없던 자신감이다.

젊은이는 사람들을 향해 목이 터져라 소리친다. 그저 자신감이 아닌 확신에 찬 목소리로.

"여러분, 동그라미 마을 밖이 궁금하지 않으십니까? 우리가 상상하지 못하는 세상이 너무도 많습니다. 여러분은 지금 동그라미 안에 갇혀 많은 것들을 보지 못하고 살아가고 있습니다. 여러분, 염려하지 마시고 이 담에 올라와 보십시오. 울타리 안에 갇혀 있으면 그곳밖에 볼 수가 없습니다. 아니, 그곳조차 너무도 크게 보여 늘 한숨만 짓게 됩니다."

청년의 목소리는 우렁차게 마을을 울린다.

"그 작은 동그라미조차 채울 수 없는 자신이 너무도 싫어 견디기 힘이 듭니다. 보이는 것이, 머무는 곳이 작고 적으니 꿈도 작고 적을 수밖에 없던 것입니다. 더 넓은 세상이 울타리 밖에 있습니다. 신나게 달릴 수 있는 엄청난 세상이 아주 많단 말입니다. 내가 세상을 다 채울 수 있습니까? 기왕 모두 채우지 못할 바엔 차라리 큰 세상에서 실컷 달려 보자 이겁니다. 더 큰 세상을 모두 채우지 못하더라도 이 작은 세상보다 훨씬 더 큽니다. 더 큰 세상에서 보니 이 동그라미 안은 아주 작은 마을, 아니 그저 작은 공간일 뿐이었습니다. 그쯤 모두 채우는 건 아무것도 아니란 말입니다. 그러니 어서 담 위로 올라와 보십시오. 동그라미 마을이 세상의 전부가 아니란 말입니다."

사람들은 청년의 말을 듣고 울타리 밖으로 함께 넘어간다. 하지만 어떤 사람들은 괜히 모르는 세상으로 뛰어들었다 절망이라도 하면 어쩌느냐며 들은 체도 하지 않는다. 누군가는 그의 말이 진실이 아닐 거라며 비웃는다. 실은 담을 넘을 용기가 없는 탓인데도 이곳이 더 행복하다며 애써 부러운 모습을 감춘다. 결국 마을 밖으로 나가지 않은 사람들은 동그라미 마을 안에서 늘 같은 생활을 반복하며 살았다. 평생토록……

여기서 하나 질문을 던져 본다. 동그라미 마을 밖으로 나간 사람들은 모두 청년처럼 성공했을까? 물론 그렇지 않다. 아무개가 돈을 많이 벌어 빌딩을 지었다고 해서 누구나 빌딩을 지을 수는 없다! 하지만 빌딩을 지어 보려는 사람은 최소한 벽돌이 어찌 생겼는지는 배우게 되고 기둥의 생김새도 안다. 창문의 형태는 어떻고 전기나 수도는 어찌 연결하는지도 배운다. 빌딩은 짓지 못했을지라도 이후 빌딩에 필요한 다른 일을 할 수 있다. 벽돌공장을 차릴 수도, 건축디자이너로 일할 수도 있다. 빌딩 하나 짓기 위해 필요한 인재가 한둘이 아니다.

자신이 목표한 꿈을 완벽히 이루는 사람은 많지 않다. 특별한 것이 있다면 그 꿈이 작건 크건 마찬가지라는 점이다. 하지만 어차피 완전히 채울 수 없다면 기왕 큰 꿈을 꾸는 게 유리할 것이다. 동그라미 마을에 갇혀 살면 큰 꿈을 꾸는 것조차 어렵다. 그런 꿈을 왜 가져야 하는지조차 알 수가 없다. 내가 어느 곳에 갇혀 있으면 그 갇혀 있는 상황에서만 꿈도 현실도 존재한다. 동그라미 마을 밖으로 나와 자신만의 원을 새롭게 만들자. 누구나 가능하다.

우리는 때로 자기합리를 운명처럼 포장한다. 그것을 재주라 여기지만 실은 핑계일 뿐이다. 새로운 도전은 왠지 두렵다. 이후 실망하고 절망하기보다 현재에 안주하는 게 차라리 득이라며 합리화한다. 실은 현재에도 평온히 안주한 것도 아니면서 아무렇지 않은 척, 꽤나 괜찮은 척 스스로를 포장한다. 그러는 사이 동그라미 마을의 울타리는 더욱 높아지고 두터워진다. 밖으로 나갈 방법이 사라지는 것이다.

"봐, 저 울타리가 얼마나 높고 넓은데. 난 넘지 않을 테야. 거긴 더 위험할 테니."

늘 자신의 판단은 명제다. 또 하나의 착각은 울타리를 본 적도 없으면서, 그 울타리를 올라 본 적도 없으면서, 나름대로 동그라미 마을을 벗어났다고 착각하는 것이다. 다시 한 번 일어나 주위를 둘러보자. 울타리 밖을 절대 쳐다보지 말라는 듯, 울타리 밖은 늘 위험하다는 듯, 날카로운 손톱을 드러내고 노려보기에 모른 척했을 뿐, 울타리에 근접도 못한 것이다.

일어나자, 그래 봤자 일어난 만큼 손해일 뿐!

달려가자. 그래 봤자 겨우 달린 만큼 억울할 뿐!

한껏 달려 담을 오르자. 후회해도 겨우 담을 탄 만큼의 고생일 뿐!

어떤가. 담은 생각보다 높지도 두텁지도 않다. 아, 그리고 보니 두렵지도 않다. 이 별거 아닌 일을 왜 그간 못했는지 후회가 배로 크다.

어쨌든 담을 올랐다면 멀리 보자. 그리고 다시 뒤돌아 그간 살아온 동그라미 마을을 쳐다보자. 그토록 넓고 커 보이던 세상, 버겁기만 하던 동네가 얼마나 좁은 곳인지 깨닫게 될 것이다. 걱정할 건 없다. 아직 나는, 그대는 늦지 않았다. 이 책을 지금 읽던 중이라면!

Money making secrets

셋.

컨설턴트의 매력에 빠지다

세상에는 수없이 많은 일들이 존재하고 그 일을 통해 가치를 얻으려는 사람들은 더 많다. 하지만 분야에 대해 열이면 열, 백이면 백, 완벽히 준비를 하고 뛰어드는 사람들은 많지 않다. 심층적으로 연구하고 자신만의 것으로 만들면 된다. 그러면 사람들은 '나'만 찾게 된다. 그게 바로 '컨설턴트'다!

간절함은 용기를,
용기는 기회를

그렇게 유치원과 어린이집을 무작정 찾아 나선 지 한 달쯤 지났을 때 드디어 연락이 왔다. 나를 알리는 아이디어를 내고 꾸준히 이행하자 성과가 나타나기 시작한 것이다. 첫 거래를 트게 된다. 한번 물꼬가 트이자 이후 일은 순조롭게 진행됐다. 앞서 말한 것처럼 동종 업계는 상호 간 네트워크가 형성돼 있어 입소문이 빠르다. 물론 나쁜 소문은 더 빠르다. 그래서 보다 더 철저해야 한다.

처음 영어 교재를 구매한 유치원에서 다른 업체 소개를 시작, "가격도 저렴하고 상품도 우수한 편이다."라는 말을 해 준다. "사람도 아주 좋다."라는 말도 덧붙인다. 한마디로 '나'라는 사람에 대한 긍정의 평가, 그처럼 기분 좋은 일은 없다. 긍정은 에너지를 창출하고 에너지는 무한 가치로 이어진다.

뭐든 시작은 꽤 어렵다. 그래서 시작이 반이라고 하는 것이다. 반이 왜 중요한지 아는가. 뭐든 반까지 달려왔다면 달려온 게 아까워서라도 끝까지 가게 된다. 돌아가느니 차라리 도착 지점에 가는 게 더 득이라는 것쯤은 바보라도 안다. 무엇이든 끝내 해내게 된다. 그래서 용감한 시작은 매우 중요하다.

실상 당시만 하더라도 유치원으로 들어온 사업체는 대부분 이름만 들어도 알 수 있는 대기업이었다. 솔직히 제품도 이름값을 해 그런지 흠잡을 곳이 없다. 다만 대기업의 체인망은 지역 몇 곳만을 위해 가격을 임의 조정하는 것은 현실적으로 불가능하며 그럴 이유도 없다. 이 때문에 가격 조정이 자유로운 개인영업이 꽤나 유리하다.

게다가 직접 책을 제작한 경우라 판로만 확실하면 소위 중간 유통 단계도 없다. 저렴하게 팔지라도 중간 과정 없이 파니 득에서는 오히려 더 실속 있다. 천안에서 움직일 때에는 중간 유통 단계가 있어 가격 할인이 불가했다. 그러다 보니 대단위 경쟁자들을 이기는 건 불가능했다. 직접 제작하고 직접 판매하니 단가 조정이 가능했던 것, 마케팅을 잘 짜고 직접 움직인 결과다.

유치원 교재를 판매할 경우 사업의 확장성이 또 존재한다. 다름 아닌 교사 파견. 유치원에 책을 팔면 교사를 파견해야 한다. 모두 계약직으로 일하고 대부분 1년 단위인데 종일시스템이 아니다. 따라서 구인이 그다지 어렵지 않다. 주부도 가능하고 단기간 하는 사람에게도 적합하다. 가정주부면서도 어린이집이나 유치원에서 일하는 사람들을 종종 보았을 것이다. 하루 종일 수업하지 않고 매일 하는 일도 아니다. 오전 잠깐 시간을 내 유치원이나 어린이집을 방문, 아이들을 가르치면 된다. 영어교재를 직접 제작, 집중적으로 교사를 가르쳤다. 교재 못지않게 중요한 건 아이들을 가르치는 교사다.

교사를 원하는 사람들을 만나 일하다 보면 상대를 통해 '나'를 발견하게 된다. 교육을 받는 사람이 아이들을 잘 가르칠 수 있는가 없는가는 영어 실력보다 더 중요하다. 얼마나 성실히 교사의 임무를 이행하는가 하는 것이다. 사람의 됨됨이와 일의 각오가 더 먼저인 것. 열심히 교육하는 시간이면 준비를 철저히 해오는 사람이 있고 그렇지 않은 사람이 있다. 하나를 보면 열을 알 수 있다는 말 누가 만들었는지 역시 상이라도 주고 싶다.

맞다. 하나에 정성을 다하는 사람은 둘도 셋도 잘한다. 재주가 뛰어나서가 아니라 온전히 성실해서다. 열심히 준비하는 사람은 교사 파견 이후 어떤 문제도 발생하지 않는다. 그간 모르는 사이 게으르거나 불성실했다면 나라는 사람 역시 모두 그리 보았을 테다. 그들을 통해 '나'를 보았다고 한 이유다. 무엇이든 상대의 입장으로는 나를 깨닫기 쉽다. 알고 보면 이름도 외모도 자신보다는 상대가 더 많이 부르고 쳐다본다. 따라서 실수할 것은 하지 않아야 한다.

처음 유치원을 찾아 들어가던 날, 거절당하면서도 다시 찾아갈 용기가 생겼던 건 간절함 때문이었다. 직장을 그만뒀고 수입도 없다. 미래는 불투명하고 당장 손에 든 건 유치원 아이들이 공부할 수 있는 교재가 전부, 그것을 팔아야만 살아갈 수 있다. 죽어도 못하는 일은 세상에 없다. 간절함은 유치원 문을 두드릴 용기를 만들었고, 그 용기는 기회로 다가온다. 기회를 놓치지 않기 위해 관련된 모든 일을 성실히 공부하고 준비한다. 간절함이 운명을 바꾼 것이다.

지금 당신은 얼마나 간절한가. 회사를 들어가지 못해 너무도 간절한가. 시험 원서에 이름을 적다 보니 마냥 버거운가. 그 간절함의 크기는 얼마큼인가. 돌아보라. 할 일도 많고 내가 모르는 세상은 더욱 넓다. 간절하다면 가능한 일이 세상엔 널렸다. 찾지 못한 게 아니라 찾지 않았을 뿐!

유치원 백화점 시스템을
구축하기까지

몇 개 월 전부터 열심히 교육시킨 교사들을 유치원으로 파견, 투입시키며 일의 영역을 확장시켰다. 인내와 끈기가 있는 교사들은 계약을 마치는 동안 아무 탈 없이 일을 해낸다. 좋은 교사들을 파견해 주어 감사하다며 원장님들의 인사가 이어진다.

처음엔 다른 교재는 다루지 않았다. 교사 역시 다른 교재를 다루는 사람들은 찾지 않았고 파견도 하지 않았다. 한 우물만 파자는 전략, 다섯 가지를 70점씩 얻느니 한 가지를 99점 얻는 게 유리하다 판단했다. 모두 90점 이상을 얻을 수 있다는 생각으로 판을 벌리는 건 위험한 발상이다. '유치원 어린이집 영어 교재와 교사' 하면 나를 떠올릴 수 있도록 한다. 그 판단이 옳았다. 유치원과 어린이집에서는 교재와 교사를 필요로 할 때 우선 나를 찾았다.

잠깐, 여기서 교사들과의 인간관계가 매우 중요하다. 영업을 하든 컨설팅을 하든 인간관계보다 더 중요한 것은 없다. 어디든, 또 무엇이든 사람이 하는 일이고 사람으로 벌어지는 일이며 사람으로 마무리해야 한다. 뭐든 사람으로 성하고 사람으로 망한다.

교사들이 정해지면 일단 상대를 무조건 인정한다. 상대는 자신이 인정받고 있다는 사실에 안심하며 더 열심을 낸다. 내가 긍정의 평가에 힘을 얻듯 교사들을 매사 긍정해 주려 애를 쓴다. 돈도 들이지 않는데 인정에 야박할 이유가 없다. 인정할수록 상대가 더욱 잘하니 절대 손해가 아니다. 사람 간의 관계성에 정성을 기울이면 성과로 나타난다. 인간관계성이 뚜렷하지 못하면 일은 중심을 잡지 못한다. 결국 시작도 끝도 사람, 사람이 가장 중요하다.

직장 상사들이 실수하는 것 중 하나다. 직원들을 칭찬하고 긍정으로 대해 준다면 더 높은 성과를 올릴 수 있는데 윽박지르고 탓하며 극한 스트레스를 준다. 그러면서 높은 성과를 올려 보라 악쓴다. 뒤돌아서 상사들을 훌륭한 사람이라 칭찬하는 직원들은 보기 힘들다.

그렇게 열심히 교재를 판매하고 교사를 파견하는 일을 했다. 맨땅에 헤딩하는 심정으로 뛰어든 유치원이다. 교재 판매와 교사 파견이 얼마큼 이뤄진 이후, 교재와 교구로 더 영역을 넓힌다. 하지만 구역을 벗어난 것이 아니다. 결국 유치원과 어린이집 내에서 필요한 것들이다. 초등학교와 중·고등학교 아니면 대학까지 발을 넓혀 볼까 하는 생각은 하지 않는다.

어떤 일을 함에 있어서 영역을 확장하더라도 같은 노선에 있는 것이 중요하다. 노선 이탈은 늘 위험하기 마련이다. 같은 노선을 달리되 이제 한 대가 아닌 두 대 석 대를 추가해서 달리는 것이다. 내가 가진 게 그만큼 늘어난 것이니 그로 충분하다. 차를 더 늘리면 된다. 아, 그래도 안전거리는 정확해야 한다. 서로 부딪치지 않도록. 서로 위험하지 않도록. 다른 노선을 침범하려고 굳이 무리할 필요가 없다.

어린이집이나 유치원은 놀이기구를 비롯해 책걸상 등 많은 교구들을 필요로 한다. 평소 얼핏 보았을 때는 알지 못했던 것들이 내 영역이 되면 눈에 들어온다. 아이들이 어떤 기구들을 갖고 노는지, 남녀 아이들의 서로 다른 관심사는 무엇인지까지 통달에 이른다. 때로는 위험해 보이는 기구들을 보면 안전에 대한 연구를 하며 다양한 교구들을 알아낸다. 가끔은 원장님들께 보다 더 좋은 교재에 대해 말을 건네기도 한다.

교재와 마찬가지로 교구들 역시 선점하고 있는 업체들이 많다. 하지만 신임이 두터워지면 영역은 저절로 넓어지기 마련, 얼마 지나지 않아 한 유치원 원장님께서 부르시더니 어느 교구가 어린이집에 필요한데 직접 알아봐 줄 수 있냐 물었다. 그때 척척 답을 하니 무작정 일을 맡겼다. 평소 관심을 두고 하나하나 메모를 한다. 시간이 될 때 꼼꼼히 알아 두면 언제라도 결정적인 역할을 한다. 시간이 될 때마다 유통망을 직접 뛰어다니며 알아 둔다. 하나의 판로를 알고 나면 그다음 판로는 어렵지 않다.

네트워크 형성은 빠르게 소문을 전이시킨다. 그때부터 놀이 기구나 책걸상을 비롯한 많은 비품들까지 다루게 된다. 쉽게 말해 시장은 하나인데 더 많은 물품을 팔 수 있게 된 것이다. 아니, 팔아 달라고 부탁을 해 온다. 그때, 유치원 백화점 시스템을 구축하기에 이른다. 유치원과 어린이 집에 관한한 교재 및 교사 파견 그리고 각종 교구들까지 다양하게 섭력하는 능력이 생긴 것이다.

꽃을 팔려는 사람이라면 꽃과 관련된 일에 대해서도 관심을 기울여야 옳다. 꽃 도매시장에서 가져온 꽃을 무작정 포장해 팔 생각만 하다 보면 당황하는 일이 발생한다. 손님은 미처 생각지 못한 질문을 하기도 하고, 전혀 예상 밖의 일을 의뢰하기도 한다. 꽃이 언제 피냐는 질문에 우물쭈물한다면 얼마나 엉성해 보이겠는가.

그건 어느 분야나 마찬가지다. 하나에 최대한 집중하되 그 외의 전반적 사항에 대해 고루 알아야 한다. 아니, 알아야 옳다. 알기 위해서는 관심과 정성이 필요하다. 관심과 정성이라는 씨

앗은 반드시 지식의 꽃을 피우고 대가라는 열매를 선물한다. 알아서 남 주냐는 말, 제법 옳다. 무엇이든 분야의 구석구석까지 제대로 알아 두면, 소위 써먹을 일이 반드시 생긴다.

한 우물을 아주 깊고 넓게 파 온 대가

기회는 또 다른 기회를 낳는다고 했던가! 유치원과 어린이집을 상대로 교재와 교사를 파견하던 일에서 각종 교구까지 들이는 일을 하게 되었을 때, 한 유치원의 원장님과 면담을 하게 된다. 전혀 예상치 못한 일이다.

"내가 이 유치원 말고 조금 더 큰 유치원을 운영해 볼까 하는데 말입니다."

"더 큰 유치원을 운영하고 싶단 말씀이십니까?"

원장님은 고개를 끄덕이며 그간 생각했던 마음속 이야기를 풀어낸다. 조금 더 규모가 있는 어린이집을 운영하게 된다면 더 많은 어린이를 교육할 수 있단다. 그럼 그렇게 하면 되지 무슨 문제일까 싶었다.

그런데 어린이집을 운영하고는 있는 원장이라 해서 모든 걸 다 알 수는 없다. 어떤 방법으로 다른 어린이집을 인수해야 하며 당장 운영하고 있는 어린이집은 어떤 절차를 통해 매도해야 하는지, 그 외에 도출되는 문제들은 또 없는지 막상 다른 유치원을 운영해 볼까 생각하니 막막했던 것, 그동안 나라는 사람을 지켜보았으니 염려하지 않고 물었던 거다.

친밀도는 유용한 재산이다. 이 친밀도를 어떻게 활용하느냐에 따라서 좋은 사람이 될 수도, 나쁜 사람이 될 수도 있다. 방송에서 뉴스를 보면 가까운 사람들에게 소위 사기당한 사람들의 이야기가 나온다. 과연 가까운 사람들에게 사기를 칠 수 있을까 생각하지만 가까우면 가까울수록 본디 속이기 쉬운 법이다. 상대는 나와 가까우니 허심탄회하게 속마음을 털어놓게 되고 상대의 상황을 파악했으니 악한 마음을 품고 그의 지갑을 열도록 만드는 것이다.

상대를 믿으면 내 속내를 쉬이 털어놓는 게 사람의 마음이지 않던가. 내 말에 수긍해 주면 더 깊은 곳에 숨겨 둔 이야기까지 꺼내 놓기 마련이다. 뭔가 의지할 곳을 얻은 것 같지만 상대가 나를 다른 용도로 이용할 작정이면 상황은 백팔십도 달라진다. 이른바 사기를 당하게 되는 것이다. 이와 정반대로 상대가 속마음을 털어놓고 고민을 이야기할 때 그것을 내 고민처럼 함께 나누면 예상치 않았던 결과들이 나올 수 있다.

타인을 이용하려는 악심을 품으면 벌을 받지만 양심을 품으면 복을 받게 되어 있다. 악심은 죄를 낳고 양심은 금을 낳는다. 노력조차 필요 없는 것이 바로 양심이다. 애써 노력하지 말고 그저 당연히 여기는 것이 양심이어야 옳다. 그래서 늘 양심을 기본으로 삼아 일했다. 받는 금액보다 질이 나쁜 걸 내놓고 이득을 챙기려 하지 않았고 아홉을 해 놓고 열을 해낸 척 시늉하지 않았으며 더 줄 수 있으면서 모자라 내줄 수 없는 척하지 않았다.

상대보다 나 자신을 속이는 게 더 싫다. 자신을 속이지 않을 생각을 하는 사람만이 진정한 가치를 얻을 수 있고 물질적 복도 받을 수 있다. 내 마음에 악심이라는 것조차 존재하지 않는다는 걸 잘 아는 원장님들은 속내를 털어놓기에 주저하지 않는다. 속으로 고민하던 여러 가지 일들을 듣고 함께 고민을 나누면 탄성이 터진다.

"아, 모두 내가 알고 있는 범위다!"

나 표정옥이 누구던가. 유치원과 어린이집 관련 일을 해 오며 수많은 원장들을 상대해 오지 않았던가. 가끔씩 유치원이나 어린이집 원장님들이 다른 지역으로 옮기고 싶어 하는 모습도 보았고 조금 더 큰 경영을 원하는 모습도 목격한 터, 초등학교나 중·고등학교와 달라 유치원이나 어린이집은 사설업체가 주로 운영하다 보니 경영 시스템이 다르다.

말 그대로 같은 교육기관이지만 메커니즘이 전혀 다르다고 봐야 한다. 유치원 원장님이나 어린이집 원장님들은 원 내의 메커니즘은 꿰고 있지만 그 밖의 상황들에 대해서는 깜깜한 게 사실이다. 영역을 조금 더 확장하려고 할 때는 막막해진다. 그러다 보니 운영하던 유치원이나 어린이집을 문제없이 인수해 운영해 줄 수 있는 사람을 찾는 일도 꽤나 어려웠다.

어린이집 원장이 발 벗고 나서기엔 첫째, 시간적 제약이 크다. 작은 가게라도 운영해 본 사람이라면 잘 알겠지만 무엇이든 운영을 하게 되면 시간이 생각보다 많지 않다. 하는 일에 매여 다른 일을 눈여겨 볼 여유가 없다. 또 시간을 애써 내더라도 법적 문제와 절차가 여간 까다로운 게 아니다. 말 그대로 누군가 편하게 일을 대행해 준다면 수월하겠지만, 무작정 믿고 맡길 만한 인재가 바로 옆에 없다면 머리가 꽤나 아플 밖에.

항상 들고 다니는 노트엔 유치원을 새롭게 운영해 보려는 사람, 유치원 규모를 조금 더 넓히려는 사람, 두 곳을 운영해 보려는 사람, 이제 교육 사업은 접으려는 사람 등 다방면의 사람들이 줄줄이 적혀 있다. 당시엔 그러한 일이 맡겨진 것도 아닌데 그 분야에 관심을 두고 있었으니 무엇이든 기록해 두는 걸 버릇했다. 쉽게 말하자면 팔려는 사람과 사려는 사람을, 두 개를 가지려는 사람과 하나도 없애려는 모든 이들을 동시에 알고 있던 거다.

팔려는 사람은 당연히 손해를 보지 않으려 한다. 사려는 사람 역시 얼마큼의 가치를 가진 것인지, 자신이 보유한 경제 상황으로 인수나 매매가 가능한지 등을 정확히 알려 줘야 걱정 없이 투자한다. 그 외의 법적인 절차도 문제없이 처리돼야 한다. 그 역할을 할 수 있는 이가 딱 '나'다. 아니 '나'뿐이다. 다른 곳은 모르지만 최소 경기도 지역의 유치원과 어린이집과 관련한, 나를 따라올 만큼 능수능란한 사람이 없었다. 한 우물을 아주 깊고 넓게 파 온 대가다.

유치원과 어린이집은 철저한 경영시스템 구축으로 이뤄진다. 사람을 상대하는 일로 얼렁뚱땅될 수 없다. 현장시스템이라 매매나 인수 등의 절차가 당연히 필요하다. 하지만 보통의 일반 상가처럼 허가가 나는 일이 아니며 원장이라는 직책도 만만치 않다. 교육기관이기에 일반 운영과 사뭇 다르다. 건물을 매매하거나 임대하고 허가 내는 과정만 거쳐도 진이 모두 빠져 버린다. 자칫 운영 계획을 포기할 수 있다.

시작이 반이라는 말이 괜히 있는 게 아니다. 뭐든 생각하고 시작하는 단계까지 정말 어렵다. 산을 넘고 나면 또 하나의 산이 기다린다. 누군가 지름길을 아는 사람이 곁에 있다면 얼마나 수월하랴. 산에 오르려면 어떤 장비를 입어야 하는지 혹여 비라도 내리면 어디로 숨어야 하는지, 산에 대해 하나부터 열까지 지식을 갖춘 사람이 필요하다. 나는 정상에 오르려는 사람도 수 없이 알고 있었고 이미 정상을 정복하는 방법도 자세히 알고 있다. 누구보다 더 자세히 누구보다 더 정확히.

그렇게 유치원전문컨설턴트가 된다.

'나'를 아닌 '나'만
찾게 하는 비법

유치원, 어린이집의 교재라든가 부수적인 일은 작은 범위지만 인수인계에 따른 매매 임대는 규모가 상당하다. 쉽게 이야기하자면 커피숍에서 단순 원두커피를 유통, 판로를 개척하는 일은 전체 운영과 비교하면 아주 작은 일일 뿐이라는 것이다.

커피숍 운영을 위해 건물을 매매하거나 임대하려 보면 일의 범위가 대단하다는 걸 안다. 교육기관 명분의 유치원이나 어린이집의 경우 그 범위는 상상을 초월한다. 언뜻 생각엔 아이들만 잘 가르치면 될 것 같지만 허가도 쉽지 않을 뿐 아니라, 만일 허가를 낸다 해도 원아를 모집해야 하며 세금 문제도 까다롭다. 게다가 일일이 아이들을 가르칠 교사를 마주해야 하고 특히 학부모들을 상대하는 녹록지 않은 일이다. 그럼에도 운영하려는 이유는 꽤 많은 가치가 있어서다.

처음 유치원이나 어린이집 매매가를 알고 충격을 받았다. 평소 생각 이상 대단위 운영체가 유치원과 어린이집이었다.

"직접 알아보기가 참 힘드네요. 혹 알아볼 수 있을까요? 건물 임대도 문제지만 세금 문제도 뭐가 그리 복잡할까요?"

"다른 지역으로 옮겨 운영해 볼까 해요. 가고 싶은 곳을 정하는 것도 문제지만 지금 운영하는 곳을 인계하는 문제가 또 있네요? 인수할 분을 좀 알아봐 주시겠어요?"

그렇게 중간자 역할이 시작된다. 유치원이나 어린이집을 두고 사고판다고 표현하는 것이 좀 자극적으로 들리려는지 모르겠다. 하지만 엄연히 유치원이나 어린이집은 경영의 일선이다. 단순히 표현해 사기업이라는 말이다. 공적 유치원도 있지만 대부분 사기업이다. 냉정히 보았을 때 철저히 사업 구조를 갖고 있으니 절대 틀린 표현이 아니다.

단순하게 어린이가 좋아서 유치원을 운영한다는 식은 오히려 더 좋지 못하고 옳지도 않다. 정확히 운영 구조를 파악하고 있어야만 보다 더 질 높은 교육 실현이 가능하다. 운영 방침이 허술하면 바른 교육은 꿈도 꿀 수 없다. 운영이 버거워지면 그 상황은 아이들에게 고스란히 돌아간다. 그래서 유치원은 넉넉한 구조로 운영돼야 아이들이 보다 더 편히 공부할 수 있다. 부모 역시 안심하고 아이를 맡길 수 있다.

유치원에 들어오는 음식이 좋은 재료로 만들어진 것이 아니라면, 어린이집에 들어오는 물품이 위험한 것이라면, 운영자로서 그에 합당한 책임을 져야 한다. 이것은 단순히 교육자적인 사명감만으로 되지 않는다. 정확하지 않으면 안 된다는 사업가로서의 막중한 책임감이 뒤따라야 한다.

어느 사업이든, 동종 업체 간 네트워크를 형성했다 해도 막상 운영시스템까지 상대에게 꺼내 놓지는 못한다. 유치원이나 어린이집도 경영의 일선이라 마찬가지다. 그래서 직접 알아보기로 한 것이다. 유치원이나 어린이집의 매매 구조, 임대 방식 그리고 세금 문제 및 법적 절차를 비롯한 전반적 일이다.

"더 큰 유치원을 운영해 보고 싶다고 하지 않으셨나요? 마땅해하실 유치원이 인계를 원하시는데요. 한번 연결해 드릴까요?"

"매매는 어려워도 임대는 가능하신 거죠?"

"허가 절차에 대해 궁금하신 거죠?"

"세금 문제에 대해 자세히 설명해 드리겠습니다."

일단, 출발하면 걷든 달리든 앞으로 가기 마련이다. 무작정 교재를 팔러 들어갔다가 유치원 전반으로 영역을 넓히게 된다. 처음 하나가 둘로, 둘이 셋으로 점층적 성장을 이룬다. 이후는 다섯 계단에서 스물로 가뿐이 뛰어넘고 곧장 서른 계단으로 단번에 도약하는 성과를 이룬다.

어떤 분야든 상관없다. 세상에는 수없이 많은 일들이 존재하고 그 일을 통해 가치를 얻으려는 사람들은 더 많다. 하지만 분야에 대해 열이면 열, 백이면 백, 완벽히 준비를 하고 뛰어드는 사람들은 많지 않다. 심층적으로 연구하고 자신만의 것으로 만들면 된다. 그리되면 사람들은 '나'를 아닌, '나'만 찾게 된다. 그게 바로 '컨설턴트'다!

사업의 내비게이션,
컨설턴트

　작은 가게 하나를 운영하려 해도 복잡한 문제가 떡하니 입을 벌리고 있다. 아마 작은 가게를 임대해 장사해 본 사람이라면 고개를 끄덕이며 긍정할 것이다. 처음 임대차 계약에 따른 복잡한 문제가 우선 발생한다. 마음에 들어 계약을 하려고 보면 생각보다 많은 권리금에 놀라 결국 포기하는 일이 벌어진다.

　그것뿐이면 괜찮으련만 그 고비를 넘기고 나면 또 다른 문제가 기다린다. 시작하기도 전에 지치기 일쑤다. 이럴 때 대부분 부동산을 찾기 마련, 중간자 역할을 해 주는 사람이 대부분 부동산업자들이다 보니 조율이 생각보다 쉽지 않다. 또 반대로 빈 건물을 임대했으니 권리금 없이 시작해 부담이 없다고 여긴 가게가 알고 보니 허가가 쉽지 않은 곳이라는 걸 뒤늦게 알게 되기도 한다.

콧구멍만 한 가게 운영하는 데 웬 절차가 그리 많은지, 운영보다 처음 허가 절차가 더 복잡하기만 하다. 한껏 부풀었던 기대도 이런 복잡한 문제를 거치면서 시들해진다. 괜히 시작했나 하는 불안감에 진도는 더욱 더뎌진다. 속도가 느려지니 불안의 공포는 더욱 커진다. 또 겨우 어찌어찌 시작을 하고 나면 한숨 돌릴 것 같지만 생각지도 못한 일들이 곳곳에서 터진다. 아니, 작정하고 덤빈다. 산 너머 산이면 괜찮으련만 겨우 넘고 보면 망망대해가 기다린다. 저 바다를 어찌 건널까, 차라리 겁도 나지 않을 지경이다.

이럴 때 제대로 알지 못하는데도, 대략 파악한 정도인데도 불구하고 한사코 자신이 직접 해 보려는 사람들이 있다. 물론 직접 해 보는 것처럼 좋은 경험도 없지만 진료는 의사에게 약은 약사에게 맡기는 게 훌륭한 법이다. 잘 모르는 것은 분야의 지식과 경험을 갖춘 컨설팅전문가에게 맡기는 게 좋다. 아니, 옳다. 임대 절차에서부터 세금 문제까지, 경영 방법과 사람을 다루는 인간관계에 이르기까지 손바닥 훑듯 훤하다.

앓아누워 끙끙대면서도 절대 병원에 가지 않는 사람들이 있다. 참다 참다 결국 병원을 찾아가면 주사 한 방으로 끝나는 경우가 있다. 그럴 때 괜히 의사나 병원이 있는 게 아니구나 하고 깨닫는 것과 제법 비슷하다. 내 병은 내가 다 안다고 자부하는 것처럼 어리석은 것도 없다. 생각보다 나는 잘 알지 못한다. 그 것을 인정하고 전문가의 도움을 청하는 것이다. 그건 절대 부끄러운 일이 아니다. 엉성하게 하는 게 백배는 더 창피한 일이다. 그런 사람들을 위해 전문 컨설턴트가 필요하다. 내가 직접 주인공이 되어 보자.

언뜻 생각해 보면 유치원이나 어린이집이나 매매를 하면 부동산을 찾으면 그만 아닌가 생각할 수 있다. 하지만 이럴 경우 부동산 업자들이 허가 절차를 아는 것도 아니고 세금 문제는 전혀 모르며 경영 방식에 대해서는 깜깜하다. 그들은 매매만 성사시키면 그만이다. 그걸 뭐라 할 수도 없다. 부동산 업자는 부동산 전문가이지, 유치원이나 어린이집의 컨설팅전문가가 아니다. 부동산 업자들의 눈에는 유치원이나 어린이집 매매가 덩치만 다를 뿐, 원룸 임대나 매매와 별반 다를 것이 없다.

컨설턴트의 목적은 사업 전반의 구조를 살피고 세세한 분야까지 길을 잡아 주는 것이다. 사업의 내비게이션이라 칭하면 될 듯하다. 어린이집을 수없이 방문하는 동안 세금 문제에 대해 통달할 만큼 공부한다. 어린이집은 어떤 구조를 통해 운영되며 국가에서 거둬들이는 세금의 목록은 어떻게 되는지, 세금을 내는 기간은 어느 때이며 얼마큼의 세금이 어느 곳에서 지출되어야 하는지, 또 감면 혜택이 있다면 어떤 때이며 어떤 방식을 취하는지 등 꼼꼼하게 숙지한다.

또한 처음 개원하는 유치원이나 어린이집을 방문하는 동안은 허가 절차에 대해서도 면밀히 알아 둔다. 다소 절차가 복잡해 헤매는 원장님들을 많이 보았던 것이 도움이 된다. 누군가 그 문제를 해결해 줄 수 있다면 보다 더 편히 경영을 할 수 있겠다는 판단에서다.

누군가 "유치원이나 어린이집 세금에 대해 아시나요?", "어린이 집 허가에 대해 잘 아시는 분 혹시 계십니까?" 하고 묻는다면 곧장 "저요!" 하고 손을 들 자신이 생긴다. 마치 드라마 속 주인공처럼 번쩍 일어나 세금 문제에 대해 줄줄이 나열하며 보는 사람들의 고개를 끄덕이게 만들 자신도 있다.

유치원 전문 컨설턴트로 일하며 이처럼 매력적인 일을 왜 진즉 하지 않았을까 생각한 적이 있다. 전국에는 수많은 유치원과 어린이집이 있다. 나의 영역이 전국을 모두 차지하지 않는다. 앞서 말했듯 그럴 수가 없다. 분야를 보다 더 심층적으로 배워 다른 지역에서 얼마든지 전문 컨설턴트로 일할 수 있다.

그렇다면 경기도 내에서 유치원과 어린이집 전문 컨설턴트로 일을 하며 얻는 수익이 과연 얼마쯤일까. 얼마나 전망이 밝기에 이렇게 자신감 있게 직장에 대해 고민하지 말고 한번 뛰어들라 권유하는 것일까? 솔직히 이 부분이 가장 궁금할 것이다.

쉽고 간략하게 이야기하겠다. 열심히만 한다면 연간 아파트 한 채 값 정도는 충분히 벌어들일 수 있다. 사업가가 아니면서 사업가인, 일반 프리랜서라 하기엔 아주 많은 가치를 얻는 직업, 그게 바로 전문컨설턴트다. 특히 유치원이나 어린이집의 경우 전국에 어마어마하게 자리 잡고 있으며 컨설턴트를 필요로 하는 곳은 헤아릴 수 없을 정도다. 또 미처 생각지 못하다 전문컨설턴트가 가까이 있다는 걸 알게 되면 모두 내 차지가 된다.

컨설팅의 매력,
임대·직원·투자

자, 이쯤에서 백과사전에서 말하는 컨설팅의 의미를 짚고 가
보자. 처음에 소개하지 않고 왜 이제 하느냐고 할지 모르겠다.
누구나 다 아는 이야기를 맨 처음 꺼내는 건 컨설팅의 기본을 모
르는 거다. 그러니 다 아는 설명을 이쯤 꺼내 놓는 거다. 내가
경험한 것보다 더 큰 기본은 실상 없기 때문이다. 어쨌든 한번
보고 가도록 하자.

컨설팅은 어떤 분야에서 전문적인 지식을 가진 사람이 고객을
상대해 자세히 상담을 해 주고 그 일을 적극적으로 돕는 일이라
고 명시되어 있다. 맞다. 간략하게 설명하고 있지만 알고 보면
모든 걸 잘 함축시킨 말이다. 이 컨설턴트는 남들이 기본적으로
다 갖춰야 하는 세 가지가 없다. 기본은 말 그대로 기본이지만

없어도 되니 수월하다. 보통 사업가들에겐 있지만 컨설턴트에게는 없어도 되는 세 가지 이른바 3무(無)를 소개하겠다. 컨설팅 전문가로 일을 하는 데 있어 필요한 것은 몸과 열정 그리고 뛰어난 정보력이면 된다.

먼저, 컨설턴트에게는 사무실이 필요 없다. 비싼 임대료를 주며 일을 진행할 필요가 없다는 말이다. 어떤 사업이든 대부분 매장 업무라서 기본적으로 들어가는 비용이 발생하고 이는 큰 부담이다. 가게를 운영하는 사람에게 상가 임대료가, 업무처가 필요한 사람에겐 사무실의 임대료가 어쩔 수 없이 발생된다. 게다가 위치가 나쁘면 아무도 오지 않을 테고 목이 좋은 곳이라면 임대료는 상상을 초월한다.

가게나 사무실을 운영하는 사람들에게 '만약 임대료가 사라진다면?'이라는 질문을 해 보면 뭐라고 답할까? 모르긴 해도 하나같이 다 성공할 수 있다고 답할 것이다. 이처럼 사무실이나 가게의 임대료는 사업자에게 엄청난 부담을 안기는 것 중 하나다. 하지만 컨설팅 전문가에게는 일단 사무실이 필요 없기에 매달 준비해야 하는 부담이 없다. 다른 사람이 내는 임대료만큼 저축이 가능하다는 말이다.

집 안에 앉아서도 얼마든지 자신을 알릴 수 있다. 대부분 현장을 방문해 처리해야 하는 일이라서 찾아오는 경우도 없다. 연락을 먼저 하도록 유도해야 하지만 찾아온다는 개념과는 다르다. 나를 찾게 만드는 것이지, 찾아오게 만들 필요는 없다. 나의 예로 보자면 어린이집이나 유치원 일로 99%가 직접 방문이다. 마찬가지로 컨설팅 전문가의 주 업무는 대부분 현장성이라서 굳이 사무실을 필요로 하지 않는다. 어마어마한 장점이다.

그다음으로 필요 없는 것이 바로 직원이다. 스스로 움직이며 일을 맡아 하는 시스템이기에 굳이 많은 인건비를 주며 사람을 고용할 필요나 이유가 없다. 물론 일의 영역이 방대해지고 혼자서는 도저히 감당하기 힘들 만큼 일이 많아질 수 있다. 하지만 그건 그야말로 행복한 고민이다. 그건 그때 고민해도 늦지 않다. 혼자서도 일이 없을까 봐 걱정이지, 일이 늘어나 손이 딸릴 상황이라면 안 먹어도 배가 부르다.

마지막으로 필요 없는 한 가지는 다름 아닌 투자자금이다. 어떤 일을 하려고 해도 기본 몇 천 단위 혹은 억 단위를 넘는 일까지 기초 투자자금이라는 것이 들어간다. 돈이 넉넉한 사람은 투자자금이 여유로워 그만큼 큰돈을 벌 수 있다. 하지만 돈이 부족한 사람은 빚을 내서 일을 시작하기에 리스크가 상당하다. 돈이 돈을 번다는 이야기가 그로 생성된다. 제아무리 기술이 좋아도 당장 투자자금의 여유가 없으면 소용이 없다. 세상이라는 게 그래서 참으로 야속하다.

보통의 사업이라면 앞서 얘기한 기본 임대료에 직원 인건비까지, 그야말로 이중 삼중의 부담이 가중된다. 게다가 이 세 가지는 사업을 실행해 보면 원래 계획보다 훨씬 더 많이 들어간다. 아끼고 절약하는 데도 한계가 있다. 하다못해 가게를 소개받느라 지출한 부동산 소개비며 사무실 집기비나 가게 인테리어 등 미처 생각지 않았던 돈이 곳곳에서 줄줄이 새 나간다. 그러고 나면 손에 쥔 돈이 전혀 없이 일을 벌이기 일쑤다. 그래서 일을 그르치면 길바닥으로 나앉는다는 소리를 하는 거다.

통상 5천만 원이면 시작할 수 있을 것 같던 장사라도 막상 판을 벌여 놓고 보면 6천만 원을 들여도 시작하지 못하는 경우가 다반사다. 결국 일 억 가까운 돈을 들이고 나서야 겨우 시작을 한다. 나는 안 그럴 것 같지만 한번 해 보시면 그게 생각처럼 되지 않는다는 걸 알 수 있다. 이후 그나마 곧장 장사를 시작할 수 있으면 그나마 다행이지만 곳곳에서 예기치 않은 일이 터지고 그 일을 메우다 보면 어느새 계획한 개업일은 한참 지나 있다. 영화 예고편처럼 지정한 날짜에 개봉하기가 어렵다.

보통의 비즈니스는 거대 투자자금을 기본으로 한 다음 사무실 혹은 가게 임대료 그리고 설비 이후 구인의 수순을 밟는다. 처음 중간의 허가와 그 이외의 일들을 잠시 접고 생각해도 신경 쓸게 한두 가지가 아니다. 그에 반해 컨설팅 전문가는 이처럼 3무(無)의 편리성을 갖는다. 엄청나게 축복된 일이다.

무임대, 무직원, 무투자! 사무실 대신 건강한 몸을 갖고 있으면 되고, 직원이 없는 대신 열정과 함께 가능하며, 투자를 하지 않는 대신 많은 정보력이 담보인 스페셜비즈니스가 바로 컨설턴트다. 기초자금 이후 유지자금이 들어가지 않는 만큼 순수익이 많다. 크게 들이지 않으나 크게 벌어들일 수 있는 일 컨설턴트는 참으로 매력적이다. 그래도 그럴듯한 사무실 하나쯤은 있어야 하지 않을까? 답은 '절대 NO!'다. 컨설턴트는 이 3무(無) 외에 없어도 되는 것이 참 많다.

억대 연봉자들도
부러워하는 컨설턴트

처음 유치원 매매를 연결해 주고서 받은 대가는 전체 매매금액의 2%다. 대부분의 전문 컨설턴트가 받는 금액은 전체 금액의 2%다. '겨우?' 하고 물을지 모르지만 단가가 결코 작지 않다는 걸 알아야 한다. 최소 몇 억 단위로 움직이는 일에서 2퍼센트는 결코 적은 금액이 아니다. 만약 5억 원의 매매가 이뤄지는 일에 대한 중간 역할을 했을 경우 컨설턴트 비용은 1천만 원이다. 이 금액은 웬만한 봉급쟁이 몇 달치와 맞먹는다. 게다가 매매와 관련 일이 5억 선만 있는 것이 아니다. 그 배가 되는 경우도 있고 그 이상이 되는 때도 있다. 컨설턴트 역할로 받게 되는 대가 역시 배가 된다.

부동산 업자와 전문컨설턴트를 비교할 수 없는 이유가 거기에 있다. 유치원이나 어린이집을 매매하게 될 경우 혹은 임대하게 될 경우 이후 복잡한 거리를 생각하다 보면 컨설턴트를 활용해 움직이는 것이 비용 측면에서 훨씬 더 실용적이다. 그래서 각 어린이집이나 유치원의 원장들은 컨설턴트를 찾는다.

처음 유치원전문컨설턴트로 일을 하고 난 후, 영역을 좀 더 확장하려고 마음먹었다. 하지만 역시 과한 투자는 하지 않았다. '나' 그리고 관계된 '일'만 적극 홍보하면 되는 것이다. 쉽게 말해 자유로운 비즈니스가 가능한 것이 바로 전문컨설턴트다. 으리으리한 사무실을 차려 놓는다고 해서 불러 주는 사람이 늘어나는 게 아니다. 직원이 많다고 해서 일을 더 잘할 수 있는 것 역시 아니다. 스스로 뛰어나면 된다.

홀로 일을 해도 충분하다. 중요한 것은 해당 분야에서 얼마큼 남들과 차별화되었느냐이다. 즉 독보적인 전문성의 차이, 앞서 이야기했지만 척하면 척이어야 한다. 상대는 노트를 펼치고 해야 할 일을 설명하지만 듣는 전문 컨설턴트는 빈손으로도 능숙하게 설명을 이어 갈 수 있어야 한다. 따라서 그러기 전에 수많은 노트에 기록해 머릿속에 심어 둬야 한다. 그리고 능숙하게 현실과 맞물리는 재주를 부려야 한다.

이론은 뛰어난데 일처리는 우왕좌왕이면 누구도 신임하지 않는다. 수억이 오가는 일이다. 때로는 십 억 이상의 돈을 연결해야 한다. 엉성하게 계산하다가는 큰 코 다친다. 그래서 아주 세밀하고 치밀해야 한다. 돈과 관련된 일이 원래 그렇고 액수가 크면 클수록 그 비중 역시 커진다. 대충이란 없다. 대충을 봐주는 사람도 없고 용납하는 사람도 없다. 나보다 더 잘할 수 있어 부른 사람인데 나보다 더 못한다면 누가 믿고 일을 맡기겠는가. 객관적으로 알려진 걸 알려 주는 건 별 소용없다. 나만의 방식이 중요하다.

여기서 나만의 방식이라는 것이 뭔가 살짝 헷갈릴 수 있는데, 이를 테면 1이라는 유치원 원장의 고민을 나만 정확히 알고 있는 것도 나만의 방식이라 할 수 있다. 그의 고민을 명확히 꿰고 있다면 그 고민을 해결할 묘책을 나 혹은 그와 관계된 사람을 통해 해결할 수 있어야 한다. 날이 추우니 옷을 두껍게 입으라는 통상적인 말이야 누군들 못하랴. 기왕이면 그가 평소 즐겨 입는 색깔의 옷을 추천하며 따듯한 옷을 추천하라는 말이다. 혹은 막상 옷의 두께는 얇은데 보온 효과는 높은 기능성이 뛰어난 옷을 추천하는 것이다. 평소 잘 알지 못했던 기능성 옷을 입은 사람은 그 편리성을 경험하고 '나'를 다시 찾는 것이다. 이것을 잘 아는 사람이라면 관련 분야에 대해 보다 더 잘 안다 단정한다.

그렇게 처음 유치원 매매를 무사히 성사시킨다. 유치원을 좀 더 확장하려는 분에게는 더 큰 유치원을, 당장 운영하는 곳을 들어와 운영하려는 분을 연결, 중간 역할을 충실히 해낸다. 일단 업체를 내놓은 사람과 업체를 찾는 사람을 모두 알고 있으니 성사 가능하다. 그래서 잘 알아야 한다. 모르는 건 절대 약이 아니라 독이다. 이후 각기 다른 문제로 고민하는 바를 듣는다.

앞서 이야기했듯 복잡한 일 앞에서 사람들은 당황하기 시작한다. 이 역시 일사천리로 빠르게 해결한다. 양쪽 모두 편히 일이 진행될 수 있게 한 것. 이후 더 큰 유치원을 인수해 운영을 하고 직접 운영하던 유치원은 역시 필요로 하던 다른 분에게 인계해 운영된다. 인계자, 인수자, 중간자 모두 만족하는 시스템이 구현된다. 인간관계 형성은 그래서 기본이 되어야 한다.

이렇게 중간자 역할을 하며 컨설턴트로 받은 처음의 대가는, 교재를 팔며 얻은 수익 구조와 비교했을 때 어마어마한 차이다. 진즉 왜 이 일을 하지 않았나 싶기도 했지만, 교재를 파는 영업 비즈니스를 하지 않았더라면 절대 벌어질 수 없던 일, 그러니 이 책을 읽고 있는 당신은 행운아다. 전문컨설턴트로 곧장 뛰어들 수 있을 테니.

이 컨설팅이라는 것이 매력적인 이유 중 하나는 같은 상황의 일이 중복될 수 있고 그 중복된 일을 한 번에 진행할 수도 있다는 점이다. 오억 원에 이르는 일의 수수료로 얻는 천만 원의 일이 한 달에 몇 번도 일어날 수 있다. 하지만 각기 다른 사안, 다른 상황의 일이기에 연결해야 하는 사람도 각기 다르다. 그래서 평소 얼마나 인간관계 형성을 잘하고 있었는가가 중요한 관건이다.

처음 A라는 유치원과 B라는 유치원을 연결하고 서로 만족할 뿐 아니라 나 역시 충분히 만족하는 성과를 거두고 나자 더 많은 의뢰가 들어온다.

"이번에 처음으로 어린이집을 운영할 작정으로 준비 중인데 도무지 어떤 것부터 해야 하는지 알 길이 없습니다."

이 의뢰는 조금 황당할 수 있지만 이미 어린이집을 운영하는 분으로부터 들어온 경우다. 자신이 알려 주면 되지 왜 나에게 의뢰하도록 연결한 것일까. 그것은 다름 아닌 연결해 준 원장님 역시 나로부터 편히 일을 진행한 이유다. 자신보다 오히려 나를 통해 시작하는 것이 보다 더 수월하다고 전한 것, 그래서 믿고 의뢰를 하게 된 것이다.

이렇게 하나씩 어린이 집과 유치원을 상대로 한 컨설팅이 성과를 내다 보니 어느 순간부터는 의뢰자들이 순번을 기다려야 하는 상황이 된다. 이 역시 처음엔 하나씩 진행을 이었다. 하지만 이후엔 능숙해지다 보니 동시에 일이 진행되더라도 구별하는 데 어렵지 않게 되었고 다수의 일도 동시 가능하게 된 것이다.

게다가 한 달간 여러 번의 일도 가능하다. 이제 단순히 계산해 보더라도 교재를 팔러 다닐 때와 수익에서 얼마큼 큰 차이가 날지 짐작될 것이다. 수억대에 이르는 혹은 그보다 훨씬 더 큰 매매를 성사시키기도 하고 그 건수가 한 달 두세 건에 이르기 시작하면 수입은 일반 직장인들과는 비교도 할 수 없는 범주가 된다.

보통 직장인들이 같은 직장인이면서도 부러워하는 사람들이 바로 억대 연봉을 받는 사람들이다. 실상 억대 연봉을 받는 사람들은 매우 드물다. 그런데 이 억대 연봉을 받는 사람들이 유치원 컨설팅전문가인 나를 부러워한다.

되기 전에는 알지 못했던 일, 그저 회사라는 공간이, 직장이라는 갇힌 무대가 싫어 뛰쳐나온 사람에게 주어진 뜻밖의 운명, 만약 억지로 인내의 쓴맛을 삼켜 가며 지금 직장에 머물러 있었더라면 여전히 알지 못했을 세상, 전혀 꿈도 꾸지 않았을 세상이었으리라. 조금 더 후배들이 생겼을 것이고 어렵사리 승진을 했을 테고 살짝 두터워진 봉급을 받았을지 모르지만 아이들이 크는 만큼 경제적 부담도 늘어났을 테다. 스스로 얼마큼 성장한 것인지 알지 못한 채 혹은 성장하지 못한 채 좌절이라는 절망덩어리를 안고 펑펑 울었을지도 모른다. 그래서 감히 직장에만 너무 얽매이지 말라고 권고하는 것이다.

컨설팅전문가는 그야말로 신세계다. 오래도록 컨설턴트로 일해 오면서 얻은 가치와 보람은 단순히 계산만으로는 어렵다. 적당한 표현으로는 일의 매력을 전하기 어려워 아쉬울 따름이다. 일의 성과를 거두기 시작하면 억대 연봉자가 부럽지 않다. '나'의 경우로 애써 계산기를 두드려 보자면 한두 달의 성과만으로도 웬만한 직장인 연봉은 벌어들인다. 솔직히 그보다 좀 더 많다! 그러니 억대 연봉자가 도리어 부러워할 존재가 된 것이다.

사람들은 부자를 흉보면서도 부자가 되려고 부단히 애를 쓴다. 엄청난 모순이다. 알고 보면 그저 부러울 따름이다. 부러우면 진다고 하니 지기 싫어 흉보는 척 시늉하는 것이다. 그런데 지지 않을 수 있다. 바로 그 부러움을 나의 것으로 만드는 것인데, 그 방법으로 전문컨설턴트를 권하는 것이다. 어떤 분야의 전문 컨설턴트로 성장할 수 있다면 누군가에게 부러움의 대상이 될 수 있다. 누군가를 롤모델로 삼으려 말고 내가 누군가에게 롤모델이 되자는 얘기다.

Money making secrets

넷.

컨설턴트 최고의 무기

'나만의 정보'라는 공간엔 물리적 경계가 설정되지 않
는다. 컨설턴트의 일이 확장의 영역에 들어서면 무한
가치 창출이 가능한 이유다. 따라서 컨설턴트는 무엇
이든 하찮게 봐서는 안 된다. 최대한 많은 정보를 습
득하여 나만의 방식으로 재탄생시켜라. 뛰어난 정보
하나가 빌딩과 맞바꿀 엄청난 가치임을 명심하라.

무한한 컨설턴트 시장,
정보의 노다지

IMF 시절, 많은 기업체가 몰락의 길로 들어섰다. 그때 유일하게 승승장구하던 곳은 다름 아닌 '십 대 산업'이다. 세상이 망해도 십 대들의 브랜드는 망하지 않는다는 말이 있다. IMF 때 우리는 그 사실을 직접 확인했다. 아무리 어려워도 우리네 부모들은 그 어려움을 자녀의 교육으로 연결하지 않았다. 십 대들은 어른들의 위기 상황을 간접적으로 알았지만 피부로 느끼지 못했다. 그리고 실로 느낄 나이가 안 된다.

그래서 아무리 국가 경제가 어려운 상황이라도 십 대들을 중심으로 하는 산업은 시들지 않는다. 유치원, 어린이집도 같은 노선이다. 부모가 외벌이건 맞벌이건 아이들을 유치원에 보내지 않는 사람은 없다. 언제부턴가 당연한 의무가 되었다. 조부

모와 함께 사는 아이들이 거의 없다 보니 현실적으로 아이를 맡길 곳도 없다.

유치원과 어린이집의 매매 건수가 컨설팅 업무로 한 달 최소 여러 건에 이른다. 연간이면 수십 건, 지금 나의 구역인 경기도만 보더라도 그러하다. 이미 컨설팅전문가로서 받은 수수료를 공개했으니 대략의 수입을 짐작하리라. 만약 오래전 회사를 그만두지 않고 지금까지 봉급자 생활을 해 왔더라면 급료는 많이 올랐을 것이다. 하지만 지금 유치원과 어린이집 전문 컨설턴트로 벌어들이는 수입과는 비교조차 불가하다. 단위가 우선 굉장히 크고 건수도 많다 보니 가능한 일이다.

앞으로도 어린이집과 유치원을 통한 사업은 여러 면에서 기대치가 크다. 한국의 교육 열기를 생각하면 답은 이내 나온다. 혹 컨설턴트에 관심 있으면서 유치원을 다니는 아이가 있다면 이해하기 쉬울 것이다.

이제 십 년이 지나면 우리나라에 노인인구가 더 많아진다고 한다. 현재 50세인 사람들이 60대로 접어들면 젊은 인구와 노인의 인구밀도가 뒤바뀐다고 한다. 이 얘기를 왜 하느냐면, 현재 노인을 위한 수많은 비즈니스가 곳곳에서 활발히 추진 중이기 때문이다. 곧 노인을 위한 대형 사업이 곳곳에서 창출될 것이다. 기발한 아이디어로 비즈니스를 구상하는 사람이 있을 것이다.

자세히 들어가 보면 현재도 노인을 대상으로 한 사업이 꽤 있다. 이 분야를 좀 더 심도 있게 미리 파고든다면 훌륭한 컨설턴트가 될 수 있다. 노인 비즈니스는 앞으로 크게 발전한다. 그것은 틀림없다. 노인만 전문으로 움직이는 음식점이 생겨날 것이고 노인만을 위한 호텔이 등장할 것이다. 경로당처럼 노인들이 그저 쉬는 공간이 아닌, 어린이집처럼 체계화된 노인의 집도 분명히 등장할 거다. 그 외 수많은 업종이 만들어진다. 백 세 시대다. 노인이 더 많아지고 늘어난다. 가만둘 리가 없다.

비단 컨설팅전문가로 일하려는 사람들에게만 전하고픈 이야기가 아니다. 사업을 벌이려는 모든 사람들에게 전하는 메시지다. 노인사업은 앞으로 전망이 우수한 업종이다. 노인들에게 가장 큰 고민은 시간이 가지 않는 것이다. 시간이 잘 흐르는 획기적 아이템이라면 대단한 메리트가 있다. 그저 시간을 때우기 위해 춤추고 노래하는 공간을 떠올리지 마시라. 그런 것이 바로 누구나 아는 정보다. 노인의 놀이는 이만큼뿐이라 단정하면 새로운 사업도 없고 그에 따른 컨설턴트가 존재할 수도 없다. 또 노인을 위한 사업체를 구상하는 사람들을 위한 컨설턴트도 엄청난 메리트다.

노인이 늘어난다는 건 중년의 연장선이 그만큼 늘어난다는 말과 같다. 예전의 이십 대가 하던 일을 지금은 삼십 대가 하고 삼십 대의 영역이던 일을 사십 대와 오십 대가 하고 있다. 십 년

후면 이 역시 뒤로 그만큼 더 밀려날 거라는 말이다. 앞서 이야기한 노인을 위한 사업, 노인을 위한 컨설팅이 비전이 있듯 중년들을 위한 사업이나 마케팅, 컨설팅 등이 앞으로 큰 부가가치를 창출해 낼 것이라 확신한다.

세상은 상당한 아이러니다. 예를 들어 고시원에 사는 사람들은 큰 고생을 하지만 대형 규모의 고시원을 운영하는 사람들은 큰돈을 번다. 못 가진 자를 상대로 한 사업인 셈이다. 희한하지 않은가. 고시원만을 전문으로 하는 컨설턴트나 일인 가구를 위한 시스템사업 컨설턴트 역시 전망이 밝다.

고시원이 생각보다 매매, 임대하는 일, 허가 법적 문제 등 많은 절차가 필요해 은근히 까다롭다. 하지만 잘 운영한다면 높은 수익도 가질 수 있는 곳이 바로 고시원이다. 이 분야를 전문적으로 파고들어 고시원을 운영하는 사업자들을 상대로 개척해 보라는 거다. 단순히 계산해 보더라도 덩어리가 꽤 크다.

컨설턴트는 이처럼 쉽게 말하자면 정보의 터를 판매하는 종합 백화점이다. 그리고 무한 가치를 가진 노다지다. 없는 분야를 이처럼 개척할 수도 있고, 있는 분야더라도 활동가가 없는 지역을 찾아내 스스로의 영역을 만들 수도 있다. 세상에는 수많은 비즈니스가 존재한다. 이 책을 읽고 나면 곳곳에 내가 일할 수 있는, 개척 가능한 시장이 눈에 보일 것이다.

재래시장 전문 컨설턴트를 본 기억이 있다. 생선을 놓는 방식부터 달라 그가 한 번 정돈하고 그 방식을 따르면 매출이 쑥 오른다고 한다. 그가 진열한 생선을 보면 마치 갓 잡아 올린 생선을 올려놓은 것 같다. 그뿐 아니라 재래시장에 대한 종합 시스템을 구축하는 컨설턴트로 일하며 상당한 수입을 얻는다.

컨설턴트 시장은 무궁무진하다. 아직 개척되지 않아 누구도 짐작조차 하지 못한 일들이 곳곳에 숨어 있다. 누가 먼저 찾아 내 것으로 만드느냐가 관건일 뿐이다. 생각보다 가까이에 노다지가 숨겨져 있다. 누구도 열어 보지 않은, 열어 보지 못한 노다지가 나와 아주 가까이 있다. 무조건 찾는 사람이 임자다. 이제 그 노다지는 당신의 것이다.

컨설턴트 최고의 무기,
아는 것만이 힘

직장을 다녔든 알바를 했든, 하다못해 부모님이나 친척이 운영하는 가게 일을 도왔든, 경험한 것은 모두 재산이다. 전문 컨설턴트가 되기 위해서 가장 도움이 되는 것이 있는데 그것이 바로 경험이라는 무기다.

경험이라는 무서운 최고의 무기를 장착하라. 위급할 땐 과감히 이용하라. 어느 경로를 통해 경험하게 된 것일지라도 상관없다. 익숙한 것은 새롭지 않다는 단점이 있지만 실수하지 않는다는 장점이 있다.

부모님께서 두부공장을 했다면 질리도록 두부를 먹었을 것이다. 그러니 두부 모양만 봐도 잘 만들어진 것인지 아닌지 구별이 가능하다. 부모의 공장을 물려받아 사업을 잇는 것도 좋겠지만 반대로 두부공장을 해 보려는 사람들에게 컨설턴트로서의 역할도 가능하다. 콩은 어떤 것이 좋은지, 두부공장의 허가를 내려면 어떤 절차가 필요하며 공장에서 어떤 것들이 갖춰져야 문제없는 두부가 완성되는지, 판로는 어떻게 개척하는지, 말 그대로 처음부터 완료 시까지 모든 일을 도맡거나 특정 부분에 대해 치밀히 움직인다.

공장을 운영하려고 하는 사람은 보다 저비용으로 사업을 열 수 있고 컨설턴트는 오로지 지식 하나만으로 수익을 낼 수 있다. 특별한 협력이 된다. 이것이 바로 컨설팅인데 이 컨설팅은 그 종류가 딱히 정해진 바 없다.

주변을 둘러보자. 커피숍을 운영해 보고 싶어 하는 사람들을 많이 보았을 것이다. 하지만 막상 커피숍을 시작하려면 어디서부터 어떻게 시작해야 하는지 실상 막막하기만 하다. 가진 돈을 어떻게 움직여야 저비용 고효율의 운영이 가능한지, 허가 절차부터 여간 까다로운 게 아니다. 바리스타 자격증을 따는 방법, 커피의 유통 구조와 숍의 임대와 허가 절차 그리고 세금 문제까지 처음에 막연하게 생각했던 일들이 현실로 닥쳐오면 막막해진다. 이럴 때 전문 컨설턴트가 옆에서 동행해 준다면 일은 일사천리로 이뤄진다.

어찌어찌 커피숍을 운영해 본 사람일지라도 이후 커피숍을 매매할 일이 생기면 또다시 막막해질 수 있다. 시작할 때와 인수

할 때의 상황은 전혀 다르다. 내 일이 망할 거라 예상하고 시작하는 사람도 없고 또 더 큰 곳에서 일을 하고 싶은 사람도 생긴다. 사업은 이렇게 여러 변수가 생긴다.

바리스타 자격증만 따고 무작정 커피숍을 차려 보려는 무모한 사람들도 꽤 많다. 이때 컨설턴트를 알고 있으면 양쪽 모두 득이다. 커피숍을 인수하려는 사람과 매도하려는 사람의 중간자 역할을 컨설턴트가 충분히 해내면 일거삼득의 효과가 생긴다. 사려는 사람과 팔려는 사람 모두 손해가 없고 컨설턴트도 충분한 대가를 얻는다.

제 몫을 했다면 대가를 받는 것은 당연하다. 이럴 경우 부동산과는 사뭇 다른데, 부동산은 임대 자체만 안다. 그저 건물이 몇 평이며 얼마라는 이야기만 서로에게 전할 뿐, 어서 빨리 가게가 나가 수수료를 챙기면 그만이다. 팔려는 사람이 장사를 잘했든 못했든 들어오려는 사람이 장사를 잘하든 못하든 상관없다. 이런 식의 장사를 하라 권고하지만 커피 내리는 방법도, 장사 잘하는 법도 모르며 사실 알 필요도 없다.

결혼에 대한 컨설턴트가 되려는 사람이라면 예식장부터 호텔의 가격대는 꿰고 있어야 하며 결혼사진을 비롯한 폐백, 신혼여행에 이르기까지 한마디로 토털시스템을 구축하고 있어야 한다.

여행컨설턴트가 겨우 비행기 할인코스만 알고 있다고 어디 가능하랴. 척하면 척이 되어야 한다. 유럽하면 나라 이름과 각 나라별 여행 경비쯤은 줄줄 나와야 한다. 각기 나라가 처한 상황을 그때그때 알고 있어야 하며 해외여행 보험은 왜 들어야 하는지, 어찌 들어야 하는지 상세히 알아야 한다. 미처 생각하지 않은 모든 것들을 알려 줬을 때 의뢰자들은 '아, 맞아!' 하며 탄성을 낸다. 아는 것만이 힘!

어찌어찌 병원을 운영하는 사람이 있다. 더 큰 병원을 운영해 볼 작정이지만 어느 곳이 더 좋을지, 지금 당장 더 큰 병원을 인수하려는 사람이 있는지 알기는 어렵다. 반대로 자신이 그간 운영하고 있던 병원은 언제 어떤 방식으로, 또 얼마에 매매나 임대를 해야 하는 건지, 막상 닥치고 보면 모르는 게 더 많다. 치료는 능숙하지만 그 외의 것들은 막막하다.

의사는 병을 치료하는 전문가다. 병원이라는 건물을 인수인계하는 전문가가 아니다. 그래서 단순히 부동산에 의뢰하거나 잘 모르면서도 직접 움직이려 한다. 그러다 보니 시간은 시간대로 돈은 돈대로 손해를 본다. 결국 잘못된 선택에 땅을 치며 후회하기 일쑤다. 이럴 때 만약 분야의 전문 컨설턴트를 알고 있었다면 그런 일은 발생하지 않는다. 전문컨설턴트의 비용이 비싼 듯해도 멋모르고 진행해 그르치는 것보다 훨씬 효과적이다. 경험자들은 다들 잘 알고 있다. 그래서 이후 같은 일이 또 발생하면 주저 않고 전문 컨설턴트에게 연락하는 거다. 여러 방면의 리스크를 줄일 수 있기 때문이다.

출판사의 컨설턴트도 매우 매력적이다. 출판사의 허가 절차와 세무 업무, 출판의 도매 유통까지, 책 디자인과 저자 섭외 방법을 비롯해 출판사의 모든 절차, 비효율적 운영 시 매매 임대까지 알고 있다면 전문컨설턴트가 될 수 있다. 출판사를 시작하려는 사람들은 '내가 만든 책을 교보문고 같은 대형서점에서 볼 수 있을까? 그렇게 만들려면 어떻게 해야 하는 걸까?' 막막하다. 그런데도 일단 시작하고 본다. 어찌해야 할지 모르면서 무턱대고 일을 벌이는 사람들이 꽤 많은데, 아이러니하게도 그 무모성이 컨설턴트를 성장시키는 것이다.

또 나름대로 성실하다 해도 모든 분야를 다 알 수는 없다. 컨설턴트는 하나의 획기적인 프로젝트를 기획하는 것도 중요하지만 보편적인 일들에 관해 넓고 정확한 지식을 갖추어야 한다. 애써 책을 펼치거나 휴대폰을 뒤져야만 설명이 가능하다면 자격 미달이다. 그쯤은 의뢰자도 다 할 수 있는 일이다. 의뢰자가 컨설팅 전문가를 찾는 이유는 어떤 일에 대해 전혀 모르거나, 자세히 알지 못해서이고 보다 더 편리하게 일을 진행하기 위해서다. 어떤 분야건 멀티플레이가 가능해야 한다.

희한도 하지, 나쁜 소문은 참으로 빨리 퍼져 나간다. 누가 어찌어찌 했다더라, 그래서 누군가 이만큼 손해를 보았다더라, 누군가 그 사람에게 속아 사기를 당했다더라, 하는 소문은 로켓보다 더 빠른 속도로 남의 귀에 들어간다. 나쁜 건 아주 빨리 전이 된다. 일을 보다 철저히 완벽히 해야 하는 이유다.

일을 엉성하게 하고 수습하는 습관을 가진 사람들이 있다. 그건 일반 비즈니스를 하는 사람이건 컨설팅을 하는 사람이건 마찬가지다. 단언컨대 컨설턴트에게 있어서 '수습'이란 말은 존재 불가다. 그건 의료사고를 저지른 의사가 다시 치료해 주겠다고 나서는 꼴이나 마찬가지다. 누구라도 실수는 할 수 있지만 실수를 단순 실수로 여기지 않는 곳이 바로 컨설턴트다. 컨설턴트에게 수습은 수습 불가다.

그럼 겁나서 어찌하느냐고? 그렇다고 무작정 겁낼 건 없다. 앞서 이야기했듯 철저히 준비를 했다면 이보다 더 매력적인 일도 없으니 말이다. 얼렁뚱땅 준비하고 겁도 없이 대드는 후배들이 있을까 미리 아픈 경고를 한 것뿐이니 지레 겁부터 먹을 건 없다. 하나하나, 차곡차곡 준비를 하고 나면 실수가 발생하지 않는다. 혹여 상대가 묻는 질문에 살짝 헷갈리더라도 준비가 철저한 사람과 그렇지 않은 사람은 곧장 표 나기 마련이다.

수능 시험에서 한두 문제를 실수로 틀렸다고 말하는 학생들에게 '설마 그게 실수일까?'라고 말하는 사람들은 없다. 백 개 중 아흔아홉 개를 온전히 해낼 수 있다면 나머지 하나까지 수습의 범주에 애써 가둬 놓고 탓할 만큼 사람들은 악독하지도 인색하지도 않다. 다만 수습은 수습 불가라 으름장을 놓은 것은 대략 준비 후 무작정 출발하는 후배들에게 외친 경고다.

백 개 중 오십 개만 채우고 일단 뛰고 본다는 거다. 그러고 나서 왜 성과가 없느냐고 하소연을 한다. 중심을 뚫고 들어가 보면 그 오십 개마저 엉성한 경우가 있어 이를 경고한 거다. 수능에서 수십 개를 실수로 틀렸다고 하면 누가 인정해 주느냐 말이다. 상대 역시 나와 같은 사람이다. 수긍할 수 있는 범위가 있고 아닌 게 있다. 상대가 인정하는 수긍의 범위를 벗어나면 수습은 불가하다.

제대로 모든 것이 갖춰졌다면 컨설턴트처럼 매력적인 일도 드물다. 자유롭게 일을 하면서도 부가가치가 높은 전문컨설턴트, 참으로 매력적이다. 특정 일에 관해 명확히 알기에 스스로는 어렵지 않은 일이려니와 좋은 대우를 받을 수 있다. 게다가 극소수의 분야라면 희소성으로 높은 대가를 받을 수 있다. 반대로 대중적 분야라면 많은 일이 생길 확률이 높아 상당히 매력적이다.

🅑 한 토막 Q&A

Q. 컨설팅의 종류에는 어떤 것들이 있을까요?
A. 사람이 하는 일이나 직업에는 모든 곳에서 컨설팅이 필요합니다. 예를 들어, 입시컨설팅, 건강컨설팅, 경영컨설팅, 병원컨설팅, 인사컨설팅, 정리컨설팅, 플라워컨설팅, 장례컨설팅, 부동산컨설팅, 이사컨설팅, 결혼컨설팅, 여행컨설팅, 육아컨설팅, 부부컨설팅, 뷰티컨설팅, 청소컨설팅, 정치컨설팅 등 모든 분야에 컨설팅이 있습니다.

노동을 팔지 말고 정보를 팔라

세상의 모든 상품엔 가격이 정해져 있다. 교통카드를 찍어도 정해진 금액대로 빠져나가고 고구마를 잘라 봉투에 담아도 그 무게만큼 냉정하게 가격을 체크한다. 얄미울 만큼 세상은 제대로 계산한다. 그나마 재래시장은 덤을 주기도 하고 살짝 물건 값을 깎아 주니 덜 얄밉기는 하지만 그렇다고 난데없는 가격을 받는 것도 아니다. 이처럼 세상의 모든 상품과 모든 일에는 가격이 책정되어 있다. 생각보다 너무 비싸면 당연히 안 팔리고 너무 저렴해도 혹시 품질이 나쁜가 싶어 사는 게 망설이기도 한다. 그래서 적정가를 기준 삼아 대부분 비슷한 가격으로 판매하는 것이다.

우리는 미디어를 통해 특정 마니아들을 만나곤 하는데 유별난

취미를 가진 사람들이 의외로 많다. 지금은 찾기 어려운 어린이 완구제품을 한참 나이 든 사람이 사들이기도 하고 듣도 보도 못한 특이한 물건을 구매하는 사람도 있다. 이때 우리가 놀라는 것은 그 특이한 물건보다 그 물건 값이다. 상상을 초월하는 가격에 누구나 입이 떡 벌어진다.

"대체 저게 뭐라고 저리 큰돈을 들여 구매해?"

그리 큰 금액을 지불하며 살 만큼의 값어치가 과연 있을까 고개를 갸우뚱하기도 하지만 반대로 엄청난 금액에 팔 수 있다는 말을 듣게 되면 귀가 솔깃해진다. 이처럼 어떤 특정 마니아들에겐 그것이 필요한 이유가 있다. 그것을 보는 것만으로 만족할 수도 있고 사고파는 재미에 빠졌을 수도 있다. 어떤 경우를 막론하고 필요하니 남들 입 떡 벌어지게 놀랄 만큼의 금액인데도 망설이지 않고 구매하는 거다. 값비싸게 주고 샀으니 물건에 더 애착을 갖는다.

누구나 자신에게 이처럼 꼭 필요한 것은 가격에 결정선을 두지 않는다. 누가 뭐라 하건 상관하지 않는다. 귀중한 것에는 적정선이란 것이 없고 정가라는 것도 없다. 애초에 그럴 수가 없다. 늘 주장하는 게 있다. 자주 꺼내 차려 놓은 말이다.

"노동을 팔지 말고 정보를 팔라!"

만약 내가 습득해 나만이 보유하고 있는 정보가 있다고 하자. 이 습득한 경험치를 사고자 하는 이가 있다고 하자. 이땐 말 그대로 부르는 게 곧 정가가 된다. 정해진 노동엔 정가가 있다. 시간당 얼마, 일당 얼마라 정해져 있어 지켜보지 않는 이상 불성실하기 마련이다. 반대로 일하는 사람은 내가 아무리 노력해도 정해진 노동비 외에 값을 받을 수는 없다. 나 아니라도 같은 노동을 해 주고 그에 따른 값을 받아 갈 사람은 무수히 많다. 그래서 패를 쥐고 있는 사람은 '나'가 아닌 '너'가 된다.

하지만 정보의 경우는 다르다. 무게가 없어 질량이 없으며 눈에 안 보이니 크기도 알 수가 없다. 미뤄 짐작해 그 값을 치르는 것인데 이때 패를 쥐고 있는 사람은 반대가 된다. '너'가 아닌 '나'다.

세상의 무엇이든 패를 쥔 사람이 우선인 법이다. 지갑을 든 사람이 본디 물건을 쥔 사람보다 더 상전이다. 그가 지갑을 닫게 되면 아무 소용이 없지 않은가. 하지만 정보는 가진 사람의 값어치가 지갑을 든 사람보다 더 우선이다.

서로 사려고 경쟁을 벌이게 되고 보이지 않을 만큼 줄을 길게 늘어서기도 한다. 제발 자신이 사게 되길 바라며 더 높은 값을 치르겠노라 아우성친다. 특별한 지식, 나만이 보유한 정보는 마니아들에게 정가 없는 상품이 되는 거다. 나를 필요로 하는 마니아를 형성하고 내 안에 있는 정보를 살짝 귀띔하라. 사방에서 그 정보를 얻기 위해 소리 없는 전쟁이 벌어질 것이다.

노동엔 한계가 있다. 한 사람이 하루 동안 해낼 수 있는 물리적인 경계선이 존재한다. 하지만 '나만의 정보'라는 공간엔 물리적 경계가 애초 설정되지 않는다. 설정될 수가 없다. 컨설턴트의 일이 확장의 영역에 들어서면 무한가치 창출이 가능한 이유가 여기에 있다. 기본적으로 중간자 역할도 할 수 있음은 물론이거니와 이후 여러 기능을 개발할 수도 있다. 뛰어난 정보의 기술을 갖고 있다면 그 가치는 실로 엄청나다.

어쩌면 나조차도 알지 못하던 특별한 정보들을 후배 컨설턴트들이 현장으로 들어와 습득할 수도 있다. 본디 정보라는 것이 어디에 숨어 있을지, 발견되기 전에는 알 수가 없다. 이처럼 컨설턴트는 비교적 큰 범위의 개인 비즈니스이기도 하지만 뛰어난 정보를 만들어 내거나 획득할 수만 있다면 그 가치는 자나 저울로 잴 수 없다.

가끔 '이것 하나로 억만장자'가 된 경우를 본다. 알고 보니 "아!" 하는 것인데도 미처 생각지 못해 없던 것뿐이다. 그리 대단한 것도 아닌데 저걸 몰랐다니, 하며 혀를 찬다. 그 누군가는 그 정보를 자신의 것으로 비싸게 만든 것이다. 따라서 컨설턴트는 무엇이든 하찮게 봐서는 안 된다. 지나며 스치는 작은 것 하나에도 찾지 못한 보물 정보가 숨어 있을 수 있다.

최대한 많은 정보를 습득하라. 그리고 그 정보를 나만의 방식으로 탈바꿈시켜 재탄생시켜라. 이제 그 정보의 주인이 나라는 사실만 살짝 흘려라. 사방에서 찾는 소리가 들려올 것이다. 재차 강조하건대 노동을 팔려 하지 말고 정보를 팔아라. 뛰어난 정보 하나가 수십 층 빌딩과 맞바꿀 만큼 엄청난 가치임을 명심하라.

컨설턴트의 필모그래피는
학력 아닌 능력

자주 하는 말이 또 있다. 자주 하는 말은 자주 해야 할 일이 많아서다. 숱하게 의미를 설명했는데도 여전히 생각을 바꾸지 않으니 다시 말하게 되는 거다. 오늘 또 그 말을 해야 해 조금은 안타깝지만 그래도 어쩌랴, 여전히 그리 생각하는 사람들이 많은 것을.

"간판을 내려라."

오늘 또 하려는 게 바로 이 말이다. 간판을 내리라니, 간판을 내리면 손님이 어찌 찾아오라고 간판을 내리라는 거냐고 할 거다. 맞다. 사람들은 목적한 곳을 가기 위해 주소지를 찾고 이후 간판을 올려다본다. 그런데 간판을 내리라니, 지금 내리라 하는 건 상가 간판이 아니다. 바로 학력의 간판이다.

우리는 고학력자의 타이틀을 얻기 위해 특히 명문대 졸업이라는 명분을 갖기 위해 온 에너지를 쏟으며 십 대와 이십 대를 보낸다. 어마어마한 투자다. 알고 보면 인생에서 가장 많은 투자를 하는 셈, 아이들을 명문대에 보내기 위해 부모들 역시 삼십 대부터 오십 대, 아니 그 이상까지도 같은 범위의 에너지를 쏟는다. 아니, 아이들보다 더 열광적으로 움직인다.

어떤 부모들을 보면 자녀를 명문대에 보내는 게 인생의 목표인 듯 보인다. 살아가는 이유가 아이들 명문대에 보내는 것이라면 살짝 허무하다. 그런데도 거기에 반쯤 목숨을 건다. 몇 달 전 막을 내린 드라마 〈스카이 캐슬〉이 드라마의 이야기는 허구지만 많은 이들의 공감을 샀다. 있는 사람은 있는 대로 없는 사람은 없는 대로 휘청거리는 군상들에 공감한 거다.

〈스카이 캐슬〉을 본 시청자들의 반응 중 아이러니했던 것 하나가 "나도 돈만 있으면 저렇게 하고 싶다"는 것이다. 명문대 입학에 열을 올리는 인물들의 허상을 그리는 게 목적이었고 그 허무함에 공감하면서도 막상 드라마 속 캐릭터들만큼의 여유만 갖추고 있다면 그리해 보고 싶단 거다. 두 가지 마음이 충돌한 거다. 인간은 그래서 참으로 알 수 없는 동물이다. 이런 이유는 여전히 우리 사회가 고학력을 갖추고 있어야만 인정받을 수 있다는 고정관념 때문이다. 〈스카이 캐슬〉 속 인물들을 비웃게 되면서도 현실 또한 부정할 수 없다. 서글픈 아이러니다.

학력 간판을 떼어 내도 절대 큰일 안 난다. 오로지 사람만을 기준하면 변할 순위가 참 많다. 또 어떤 사람들은 나는 어느 대학교, 어느 대학원을 우수하게 졸업했기에 무엇이든 쉬이 잘할 수 있다고 착각한다. 세상은 지식으로 살지 않는다. 아니, 살아지지 않는다. 세상은 온전히 지혜로 살아간다. 아니, 살아진다. 넘치는 지식을 갖고 있더라도 지혜가 부족하다면 아무 소용이 없다. 솔로몬이 아이를 반으로 잘라 주라 명한 건 지식이 아니라 지혜다.

우리는 너무 간판에 집착한다. 지식은 내가 하려는 분야에서 뛰어나면 된다. 사회적 간판이 중요한 게 아니다. 특히 컨설턴트 전문가는 학력과는 더욱 무관하다. 대학을 졸업해서 전공 분야를 굳이 살려야 하는 일이라면 간판이 필요하겠지만 그게 아니라면 무의미하다. 또한 대학에서 전공하는 기간 동안 현장에서 실무를 갈고닦는 것이 오히려 더 큰 득이 될 수 있다. 뒤늦게 컨설턴트로 뛰어드는 사람들이 하나 같이 하는 말이 있다. 좀 더 일찍, 더 빨리 현장에 뛰어들었다면 좋았을 텐데, 하는 후회다.

일류대, 처음 나를 소개할 때 으쓱하는 정도일 뿐, 그도 현실에서 능력이 부재하면 자랑도 웃음거리다. 고객은 컨설팅 전문가, 디렉터의 능력에 연락하는 거지, 학력을 보고 찾지 않는다. 자신의 블로그에 명문대를 졸업했다는 타이틀을 내세우지 미

라. 이미 나는 학력만 봐도 다 잘할 수 있다는 '무언의 잘난 척' 일 뿐이다. 내 능력은 현장에서 드러난다. 성실함이 학력을 넘어설 수 있고 노력이 학력을 이길 수 있다. 이후 놀라운 성과가 나타나 상대가 만족했을 땐 오히려 고학력자가 아닌 컨설턴트라 더 큰 박수를 받게 된다.

컨설턴트의 필모그래피는 학력 아닌 능력이다. 왜 잠도 못 자면서 대학원 공부를 하느라 애를 쓰는가. 왜 그 비싼 비용을 들여 일단 유학을 떠나고 보는가. 공부가 꼭 필요한 분야가 있다. 컨설턴트도 공부가 제법 필요하지만, 현장 공부 그리고 사람 공부다. 내 이름 앞이나 뒤에 붙을 명목을 위해 학력이라는 간판을 붙여 놓았다면 당장 떼어 내라.

컨설턴트는 다시 시작이다. 누구나 공평한 노선에서 시작한다. 중졸이라도 망설일 게 없고 고졸이라도 두려울 것이 전혀 없다. 당장 건축학과를 졸업한 사람보다 이십 년간 집을 지어 본 사람이 건축에 대해 훨씬 잘 아는 법이다.

자, 준비되었다면 출발!

컨설턴트가
책을 읽어야 하는 이유

난데없이 무슨 책 타령이냐고? 아, 관심 분야의 책을 읽으라는 소리냐고 물을 것 같다. 아니다. 지금 말하는 것은 어느 책이든 꾸준히, 가능하다면 많이 보라는 것이다. 자동차 관련 컨설턴트가 될 거라면 자동차 관련 서적만 보면 될 일이지 왜 다른 책을 읽으라는 걸까?

평소 책을 가까이하는 사람과 그렇지 않은 사람은 말투부터 다르다. 그게 무슨 상관이 있는지 모른다 할 것이다. 책을 읽지 않으니 모를 수밖에. 책을 많이 보는 사람일수록 요점 정리를 잘한다. 열심히 공부하는 학생이 중요한 부분 체크를 더 잘하는 것과 같다.

고객과 처음 만나는 자리에서 알차게 이야기를 차려 놓으려면 분야 관련 전문성은 기본이다. 더불어 그 못지않게 중요한 것은 보다 더 간결하고 쉽게 상대를 이끄는 테크닉인데, 이 테크닉의 습득이 의외로 독서에서 나온다.

책을 읽는 것은 비단 하나의 책 속에 담긴 지식의 습득만이 아니다. 자동차 컨설턴트로 일한다고 하자. 자동차와 관련된 사람 혹은 고객은 다방면에서 일하고 있을 것이다. 고객은 여러 이야기를 곁가지로 꺼낼 수 있다. 간결하게 상대에게 맞장구를 쳐주면 즐거워한다. 이때 책을 많이 읽은 사람과 그렇지 않은 사람의 순발력은 엄청나다.

평소 책을 자주 보는 사람은 반대로 사람을 구슬리는 재주를 갖게 된다. 상대를 내 안으로 끌어들이는 데 능숙해진다는 거다. 소설가들이 자신의 작품에 독자를 높은 흡인력으로 빨아들이는 것과 같다. 고객은 나의 독자가 되는 것이고 나는 앞으로 펼쳐질 일에 대한 작가가 되는 것이다. 고객은 다음 페이지에서 어떤 이야기가 펼쳐질지 기대한다.

글을 읽으면 이야기를 함축하는 능력이 생겨 장황하게 늘어놓지 않는다. 말이 많아 전달이 장황하면 상대가 헷갈리기 마련이다. 말 많은 사람 좋아하는 사람은 없다. 아나운서나 기자를 신뢰하는 건 말이 많아서가 아니라 짧고 간결해서다. 국회의원 후보가 요지를 설명하지 못하고 장황하게 이야기를 늘어놓으면 어느 누가 그 사람에게 표를 행사하겠는가. 대체 그래서 공약이 뭐냐 따져 물을 것이다.

나는 책을 읽지 않아도 상대가 평소 책을 가까이하는 사람인지 아닌지 알아채기 쉽다. 언어의 습관, 말의 태도에서 드러난다. 다량으로 무조건 읽으라는 게 아니다. 하루 몇 페이지가 되더라도 좋으니 늘 꾸준히 읽는 습관이 필요하다는 말이다. 그러다 보면 지식도 쌓이려니와 말솜씨도 는다.

정보의 데이터베이스
구축하기

요즘은 편리한 세상이다. 희한도 하지, 세월이 지나는 건 아쉽지만 세월이 흐를수록 세상은 편해지니 말이다. 당장 찍은 사진을 해외 어디로든 순식간에 보내는 세상이다. 오래전에는 상상도 하기 힘들었던 모습이다. 하루가 지나면 또 새로운 것이 등장한다. 이제 새로 나온 지 일 년만 지나도 십 대들은 골동품이라고 부른단다. 내가 가지고 있는 정보도 개발하지 않고 그냥 묵혀 두면 골동품이 될지 모른다. 어느 날 꺼내 "이거 어때?" 하고 묻는 순간 "골동품 아니야?", "너무 오래된 건데?" 하는 답을 듣게 될지도 모른다.

유치원이나 어린이집이 매매되거나 임대가 된다는 걸 예전에는 알지 못했더랬다. 그 역시도 분야로 뛰어들며 알게 된 정보다. 문득 든 생각이 사립유치원이 매매되고 임대가 되는 일임을 아는 사람들이 많지 않을 거라 여긴다. 말을 돌려 가며 주변 사람들에게 물어 이내 답을 얻는다. 전에 내가 모르던 것처럼 유치원이나 어린이집이 매매되는 걸 알지 못했을 뿐 아니라 관심도 없다.

자, 여기서 알아야 할 일이 생긴다. 내가 관심 분야 혹은 개척하려는 어떤 분야에 대해 잘 몰랐던 사실을 알게 되었다면, 우선 대중이 그 분야에 대해 얼마나 알고 있는가를 분석해야 한다. 정보의 보안을 위해 너무 날것으로 드러내지 말고 에둘러 묻는 방식을 택하자. 이 경우 사람들이 지나치게 많이 알고 있다면, 나만의 것으로 만들기는 살짝 힘들 수 있다. 물론 무작정 불가능은 아니다. 무엇이든 흔한 것보다는 흔치 않은 일을 가장 앞에 두는 게 좀 더 유리하다. 그리고 그 일에 대해 대중적으로 알려지지 않은 일이라고 단정한 근거를 몇 번 더 확인해야 한다.

나의 경우다. 이후 유치원이나 어린이집의 매매건 등을 전문적으로 일하는 사람이 있는지 알아본다. 분야의 사람들이 극소수이거나 아예 없다 싶은 상황. 어떤 분야를 더 깊이 들어가 보면 밖에서는 미처 알지 못했던 일들이 숨어 있음을 알 수 있다. 그 모든 일에는 비즈니스가 관련되어 있고 사람이 연결된다. 그 일이 대중적인 것이 아니라면 좀 더 일은 수월하다. 경쟁자가 많이 존재할 리가 없으므로. 정보의 처음이 '나'로 출발할 수도 있으므로.

이렇게 나만이 알게 된 특정 분야의, 특징적 요소를 파악했다면 이제껏 어떤 루트를 통해 이뤄졌는지를 분석한다. 업체를 운영하고 있는 사람들을 통해 그중 누가 더 잘 아는지, 또 알면 얼마나 알고 있는지를 파악한다. 모르는 사람이 더 많을수록 일은 더 유리하다. 내가 가진 정보의 덩어리가 더 커지는 거다.

나의 경우를 예로 든다. 유치원이나 어린이집을 운영하면서도 이후 매매를 하려 하거나 임대 등에 관해서는 막막해하는 경우가 대부분이었다. 처음 시작하면서도 곤란했을 게 뻔하다. 언뜻 판단하면 그 분야를 경영까지 하는 사람이니 당연 잘 알고 있을 듯하다. 누구도 그리 생각한다. 하지만 현장을 읽고 보니 그런 게 아니었다는 거다. 이후 다른 업종의 경영자들을 눈여겨보자. 희한하게도 마찬가지라는 사실을 발견한다.

예로 커피숍을 운영하려는 사람은 커피를 잘 내리고 만드는 기술은 능통할지 모르지만 가게를 운영하는 방식, 손님을 유도하는 방식, 임대한 매장과 어울리는 인테리어 등에 대해서는 해박하지 못하다. 세부적으로 살짝만 더 파고 들어가 보자. 누군가는 아직 연결하지 못한 질 좋은 원두를 제공받아 전달하는 방법을 알아낼 수 있다.

'설마, 그걸 모르겠어? 커피숍을 운영하는 사람이?' 하고 반문할지 모르지만 나 역시 유치원이나 어린이집 원장들이 설마 매매며 세금 문제를 몰라 골치 아플까 생각했더랬다. 그 안으로 들어가는 교재를 팔면서도 알지 못했다. 누구나 자신이 알고 있는 범위에서 일을 시작한다. 대부분의 사업체들이 자신이 듣고 배운 대로만 움직이는데 그걸 알려 준 사람도 늘 그래 왔기에 그 이상을 알지 못한 경우라 그렇다.

TV에서 세탁기만을 전문으로 청소하는 전문 업체의 대표를 본 적이 있다. 사람들이 잘 도전하지 않는 분야의 일이다. 당장도 '그런 사람도 있어?' 하는 사람도 꽤나 있을 거다. 그는 그 분야로 꽤 성공을 거뒀다. 컨설팅전문가와는 살짝 다를 수 있지만, 흔치 않지만 알고 보면 꼭 필요한 일로 승부수를 거둔 거다. 자신만의 정보를 기반으로 움직인다는 건 마찬가지다. 월 천만 원 하고도 수백만 원의 수익을 번다는 말에 놀란 기억도 있다.

'그런 사업이 다 있군!' 하는 게 세상엔 참 많다. 컨설팅전문가는 역시 일반 사업처럼 남들이 미처 생각지 못한 아이디어를 통해 승부를 건다. 그렇게 나만이 알고 있는 특정 분야와 방법을 찾았다면 그 일을 성사시켰을 경우 얻게 되는 득, 즉 수입이 얼마가 될 수 있는지를 계산하자. 한 달간 서른 건을 해도 일반 직장인보다 못하다면 메리트가 없다.

그런데 그렇게 어렵게 찾아낸 특별한 일이라면 그럴 확률은 없다. 무엇이든 희소성은 값어치가 일단 보장된다. 유치원과 어린이집 컨설팅전문가에 대해 평상시 들어 본 적이 있는가. 아마 이 책을 보며 처음 들어 보는 사람이 다수일 것이다. 이제 수입을 계산해 보면 이후 미래 가치를 예측할 수 있다. 이 일을 잘 성사시킬 경우 내가 받을 수익이 이만큼이고 한 달 최소의 경우라도 안정된 수익이 보장될 수 있다고 판단된다면, 도전해도 좋다. 충분한 가능성을 가진 일이다.

　그럼 이제 그 일을 필요로 하는 사람을 찾아보자. 공급처는 '나'이니 수요해 줄 사람을 찾는 거다. 기왕이면 수요자와 공급자가 잘 맞아 연결이 수월하면 좋으리라. 아니라도 큰일은 없다. 수요가 하나뿐이라도 최소의 영역은 일단 만들어진다. 그런 다음 일에 대해 심층적 연구를 한다. 기계적, 즉 물리적으로 해야 하는 일이 있는지, 얼마의 자본을 들여야 수요자가 그 일이 가능한지 등을 계산하고 숙지한다.

　이제 그 수요자가 나와 연결되는 수만큼 수익이 늘어난다. 충분한 데이터베이스를 실사화시킨다. 문서 정리를 한다. 수익을 위한 동선, 하루 동안 만나는 사람과 시간 등에 대해 계산한다. 몇 번 얘기했지만 동선이 넓으면 시간만 낭비한다. 한 달 동안 만날 수 있는 사람들의 목록이 나왔으면 성공 확률의 수를 잡는다. 백 명을 만난다고 백 번의 일이 성사될 리는 없으므로.

　자, 한 달 한 번의 성과만 있어도 충분한 수익이 나올 수 있다면 나의 정보는 꽤나 고가인 것이다. 이제 최대치를 계산하자. 직원 없이도 스스로 움직여 이뤄 낼 수 있는 시간과 물리적 한계, 보다 더 구체화한 데이터베이스를 구축한다. 이제 그 일로 파생할 수 있는 관계자 목록을 만든다. 나를 양쪽에 알려야 한다면 양쪽에 모두 포함시킨다. 이후 파생될지 모를 리스크를 적는다. 혹시 상대가 물어올지 모를 질문들을 정리한다. 앞으로 얘기할 많은 일들이 이에 포함되리라. 이제 능숙하게 답할 수 있는 자료를 정리한다.

이제 홍보할 곳을 다시 확인한다. 카페나 블로그 등 대중적 미디어를 활용하자. 추천하건대 개인 블로그가 좋다. 필요한 사람이나 개인이 공간에 들어오는 장점이 있고 타인과 섞여 움직이지 않아 편하다. 또 공간이 여유로워 나의 일에 대해 보다 구체적으로 전달할 수 있어 좋다. 이제 해야 할 일, 블로그를 세련되게 만든다. 일단 만들고 필요할 때 오픈하면 된다.

이제 블로그를 어떤 방식으로 홍보할지 연구한다. 많은 방법이 있다. 관계된 사람들의 블로그를 최대한 방문해 나의 흔적을 남기는 것부터 시작한다. 촌스럽다고? 작은 밀알이 큰 열매를 맺는다. 잊지 마시길…….

Money making secrets

컨설턴트 설계도

좋은 계획서에서 나쁜 성과가 나올 순 있지만 나쁜 계획서에선 좋은 성과가 나오는 건 불가능하다. 완성도 높은 컨설팅전문가의 시나리오를 완성, 피라미드를 쌓아라. 나만이 만든, 나만이 알고 있는 이 피라미드의 공법은 영원한 미스터리가 될 것이고 불가사의로 남을 것이다. 설계도가 엉성하면 사업과 인생을 망칠 수 있다.

컨설턴트 첫 관문,
육 개월

　무슨 일을 하든 먹고사는 문제가 가장 앞선다. 살기 위해 먹지, 먹기 위해 사는 사람은 없다. 그런데도 먹어야 하는 문제는 제법 크다. 먹는 즐거움이 큼에도 불구하고, 생각해 보면 즐거움으로 먹는 것보다 그저 살기 위해 먹어야 할 때가 더 많다. 사는 문제는 이처럼 복잡해 늘 어렵다. 어떤 분야의 컨설팅전문가로 나서기 위해서는 많은 준비들이 필요하지만, 그중 가장 앞선 것은 다름 아닌 일을 시작한 후 당장 먹고 사는 문제다. 직정을 다녀도 최소 한 달이 지나야 월급이 나온다. 뭐든 시작한 그날 돈이 들어올 수는 없으니 말이다.

　컨설턴트도 마찬가지, 커피 관련 컨설턴트가 되기 위해 바리스타 자격증 관련 일부터 커피숍의 허가 절차와 세금 문제까지,

사업장의 장단점 파악 등 그야말로 열심히 공부를 한다. 매매하려는 자와 매수하려는 자를 알기 위해 움직인다. 그리고 그들을 만나 일을 실행하고 대가를 얻는다. 수수료가 전체 금액의 2%, 와! 생각보다 단가가 꽤 높다.

맞다. 단순히 계산하면 틀린 답은 아니다. 하지만 그렇게 첫 거래가 성사되기까지 걸리는 시간은 누구라도, 어떤 일이라도 인내를 필요로 한다. 내가 유치원이나 어린이집 전문 컨설턴트가 아닐 때, 단순히 책을 팔 목적으로 방문했던 때도 첫 거래가 생기기 전까지 인내가 필요했다. 시간이 걸린다는 뜻이다. 그 기간이 길지 않았던 건 행운이지만 모두 그럴 수는 없기에 현실을 말해 주는 거다. 처음 돈을 벌기 전 누가 쌀통에 쌀을 채워 줄 리 없다. 일을 시작하기에 앞선 준비 목록에서 처음 인내의 시간을 빼 버리는 실수, 가장 흔한 실수다.

전 재산 투자. 임대를 하고 음식점을 만들고 간판을 걸었다 하자. 처음부터 장사가 잘되고 문전성시를 이루면 좋지만 그게 어디 뜻대로 되랴. 장사가 궤도에 오르는 기간이 필요하다. 그런데 그보다 더 먼저 필요한 건 그 시간을 인내할 때 발생하는 일, 즉 먹고사는 문제를 대비해야 한다. 먹는장사를 하는 사람도 먹고살 일을 준비해야만 한다.

이를 위해 최소 육 개월 정도의 생활비는 마련해 둘 것을 권한다. 현금이 오가고 카드결제로 곧장 수익 구조가 만들어지는 곳도 처음엔 이처럼 인내 기간이 요구된다. 또 간판을 걸고 일을 시작하기 이전의 시간도 만만치 않다. 물론 전문컨설턴트가 간판을 걸고 테이블을 준비하는 음식점과는 모양새는 다르다. 하지만 실상 첫 고객이 생길 때까지 먹고살아야 하는 건 마찬가지다.

첫 고객은 육 개월 안에 만들어야 한다. 가능하다. 계획대로 첫 고객이 육 개월 후 생긴다면 그 육 개월간 최소 생활비는 미리 마련해 두고 시작하라는 거다. 굶어죽더라도 최소 육 개월 후다! 관계된 사람들을 만나 커피쯤은 대접할 상황도 만들어야 할 게 아닌가. 단순히 생각하면 되겠다. 월세를 살고 있다면 월세 육 개월 치와 육 개월간의 생활비 그리고 나를 알리는 데 들어가는 비용 등이다. 그걸 최소와 최대로 잡고 적정선을 정한다. 그 금액을 운 좋게 보유 중이라면 당장 시작하면 될 터이고 아니라면 그만큼 비축을 해 두란 거다.

육 개월 동안의 생활비를 비축하는 일이 너무 버거워 할 수 없다고 말하는 사람이 있다면, 그 사람은 그 무엇도 할 수 없다. 일단 컨설팅의 종류가 정해지면 자기 구역을 정한다. 내가 가장 활발하게 일을 진행할 수 있는 곳이어야 한다. 경기도가 될 수도 있고 서울일 수도 있으며 멀리 제주도나 울릉도일 수도 있다. 만약 지방에서 컨설턴트로 일할 작정이라면 서울에 살 이유가 없다. 일을 벌이려는 최적지로 당장 옮겨라. 생활비도 줄이고 미리 영역도 확보하는 거다.

그리고 반 년 정도 기간 동안 컨설팅의 영역에 들어올 수 있는 지역 사람들에게 나를 알려라. 생활비도 줄이고 일도 빨리 할 수 있다. 비축된 육 개월의 생활비가 끝나기 이전 성과를 내야 한다는 목표를 확실히 머리에 심어라. 작정하면 뭐든 쉽다. 무슨 일이든 각오한 만큼, 각오대로 이행한 만큼 대가라는 것이 주어진다. 한 달의 성과가 없다고 두려워할 게 없다. 아직 오 개월이라는 넉넉한 기간이 남았다. 두 달의 기간이 흘렀다 걱정할 것 없다. 넉 달이나 되는 시간은 지난 기간의 배나 된다. 아직 배나 남은 거다. 지난 시간을 후회 말고 남은 기간에 꿈을 두면 된다.

기다리고 인내하면 결정적 한 방이 터진다. 처음부터 멋지게 홈런을 날릴 수도 있고 일루 진출만 할 수도 있다. 연락이 왔고 그간 만반의 준비를 했다면 파울 될 확률은 크지 않다. 그래도 혹시 아웃을 당하는 일까지 벌어지더라도 걱정하지 마라. 다시 공을 칠 기회가 오지 않는가. 직장에 들어가려고 수년간 매달리는 인내보다 공무원 시험을 준비하느라 몇 년을 허비하는 것보다 훨씬 더 실속 있다. 경제적 측면에서는 말할 필요도 없다. 그리고 확률 면에서도 몇 배는 더 높다.

철저한 시장조사로 중무장했다면, 첫 고객을 만날 때까지 먹고살 준비가 되었다면 된 거다. 노트를 펼치고 육 개월간 들어갈 월세, 생활비, 컨설턴트를 준비하는 동안 들어갈 교통비 등

등을 계산해 보자. 생각보다 많을 수도 적을 수도 있다. 생각보다 많다면 그동안 그 많은 돈을 지출하며 허망한 시간을 낭비한 거다. 전문컨설턴트는 대기업 직원이 될 수 없을지 모르지만 그에 못지않은 혹은 그 이상의 대가를 받을 누릴 수 있다.

목표한 바가 뚜렷하다면 편의점의 점원 아르바이트면 어떠하고 막노동이면 어떠랴. 나는 나인데 자꾸 너의 내가 중요하다 여긴다. 생각보다 사람들은 내게 별 관심 없다. 낡은 옷을 입고 거리에 나가 보라. 거지꼴이 아닌 이상 누구도 신경 쓰지 않는다. 육 개월의 생활비를 비축해 두는 일은 아무것도 아니다. 그 인내의 기간으로 내 인생이 달라질 수만 있다면 편의점 아르바이트가 그리 대수겠는가. 오히려 소비자들을 상대하며 사람을 보는 눈을 키우니 득이다. 소소한 인간관계를 돈을 받고 배운다고 여겨라. 그리고 육 개월간의 생활비가 준비되면 박차고 나오라.

사업은 육 개월이 가장 중요하다. 첫 고객이 생기는 관문이기 때문이다. 다시 한 번 당부하건대 진짜 잘 먹고 잘 사는 사람이 되고 싶다면 더도 말고 덜도 말고 딱 육 개월간 먹고살 돈만 마련하라.

나의 가치를 높이는
사무기기 정복

　운전을 못하던 사람이 막상 운전을 배우고 나면 그리 어렵거나 복잡한 일이 아니란 걸 깨닫는다. 이렇듯 이 세상에는 뭐든 배우면 별거 아닌 게 참 많다.

　요즘은 모든 업무가 컴퓨터 시스템화 되었다. 그러니 사무기기에 대해 능숙히 공부해 두자. 배우고 나면 뭐든 쉽다. 실상 우리가 자주 보는 엑셀을 비롯한 문서 관련 업무, 일단 배워라. 절대 오래 걸리지 않는다. 그럼에도 불구하고 "난 엑셀은 잘 몰라서", "아, 그건 못하겠더라고." 하는 경우가 많다. 그럼 대체 뭘 할 수 있다는 건지.

　A는 유치원을 운영해 볼 계획이다. 어찌어찌 내게 의뢰가 들어온다. 소문을 듣고 의뢰하게 되었다는 말에 으쓱한다. 그럼

그렇지, 이때 A가 인수하고 싶은 곳의 내용을 엑셀로 처리해서 전달해 달라 한다. 머리를 긁적이며 답한다.

"그건 할 줄 모르는데요. 다른 거로 해 드리면 안 될까요?"

A는 고개를 갸웃한다.

'내가 소문을 잘못 들었나 보다.'

반대로 원하는 자료를 얻을 수 있냐는 고객의 말에 "어떤 파일로 작성해 드리면 좋으십니까? 평소 자주 이용하시는 걸로 해 드리겠습니다." 하고 답해 보라. 고객은 나의 업무 능력을 뛰어나게 본다. 이 별거 아닌 일로.

그리고 사실이 그렇다. 꼼꼼하게 기록하고 정리해 상대가 잘 알아볼 수 있도록 하는 건 컨설팅전문가의 중요 업무다. "기존 커피숍의 연결망과 자료들을 분석해 주십시오."라는 고객의 요구에 우왕좌왕하면 고객은 배로 우왕좌왕한다. 사무기기 등에 능숙해야 하는 이유다. 엑셀, 한글 등 각종 서류를 작성하는 데 능수능란하도록 공부하라. 실상 하고 나면 이 별거 아닌 일을 왜 알아 두지 않은 건지 곧장 후회한다.

그리고 사무기기를 능숙히 다룰 줄 알면 일일이 사람을 쓰지 않아도 된다. 엑셀로 작성하는 방법을 몰라 작성자를 따로 두게 된다면 자료가 유출될 우려도 있을 뿐 아니라 내가 원하는 대로 작성도 되지 않는다. 회사에서 상사가 직원을 야단치는 이유 중 가장 큰 이유가 뭔지 아는가. 내가 생각한 대로 일 처리가 되지 않아서다. 직원은 나름대로 열심히 한다고 했지만 일을 지시한 상사의 머릿속에 들어갔다 나온 게 아닌 이상, 완벽한 만족은 절대 불가능하다.

컨설턴트는 스스로 처리해야 할 일이 많다. 그래서 사무기기 등을 다루는 일쯤은 미리미리 배워 두는 것이 좋다. 사무기기가 능숙해지면 그 일과 관련된 사람을 쓰지 않으니 비용도 절감된다. 사무기기만 잘 다루더라도 혼자서 100명 이상의 업무 처리가 가능하다는 연구 결과도 있다.

문제는, 비용도 줄이고 신뢰성도 쌓을 수 있음에도 애초 잘 모르던 일에 대해 학습을 하지 않는다는 거다. '다음에 배우지 뭐'하다가는 일도 다음으로 미뤄진다. 미뤄지는 일은 취소되기 십상이다. 하다못해 복사기를 다루는 방법부터 배워 두자. 배워서 절대 남 주지 않는다.

문서 처리가 능숙하지 못하면 자꾸 말로 설명하게 된다. 말은 많이 했지만 상대는 기억하지 못하는 불행이 생긴다. 컴퓨터를 켜고 각종 데이터를 켜자. 지금껏 다루지 않았던 파일을 직접 작성해 보자. 일에 대해 보다 간략하고 집중적으로 설명할 수 있는 수완도 늘어난다.

SNS를 잘 활용해도 인생이 달라진다. SNS에 올린 한 줄의 글로 방송을 타 갑자기 유명해지는 사람도 있고, 반대로 내가 누군가를 유명하게 만들어 주기도 한다. 세상이 그렇게 변했다.

물론 이를 악용해 불합리하거나 온전치 못한 용도로 사용하는 사람도 있지만, 쓰임새를 잘 활용한다면 돈을 들이지 않고도 높은 가치를 얻게 해 주는 수단이다.

개인 블로그, 인스타그램을 비롯한 각종 SNS를 활용하여 자신을 홍보한다. 나를 알리는 데 이보다 최적화된 시스템이 많지 않다. 어떻게 관리하느냐에 따라 '나'를 제대로 만들 수 있다. SNS를 한글로 하고 쳐 보라. '눈'이라고 나온다. 사람들의 눈이 나를 보고 있는 거다. 혹시 알고 SNS라 한 게 아닐까? 제법 신기하다. 보라. 몰랐던 사실을 알고 나니 '어, 그러네?' 했을 것이다. 이게 바로 컨설턴트의 관심성이다. 뭐든 한 번 더 훑어보면 특별한 게 보인다.

고객이 최대한 쉽고 빠르게 이해할 수 있도록 문장을 만들고 전달하라. 고객은 절대 바보가 아니다. 최소 몇 억을 들고 사업을 해 보려는 사람이다. 절대 어수룩하지 않다. 장황한 설명은 고객을 지치게 한다. 또한 상대가 나보다 그런 면에서 더 능숙할 수 있다. 그래서 공부해 두라는 거다.

TV나 인터넷 기사를 보라. 기자들은 복잡하게 벌어진 일을 간단하게 압축한다. 그럼에도 어떤 사고가 벌어진 것이며 무슨 사건이 터진 것인지 누구나 알아듣는다. 문서 파일 정리를 습관화하면 고객에게 전달할 긴 자료를 압축, 설명할 능력이 생긴다. 백 마디 말보다 잘 정리된 엑셀 파일 하나가 일을 성사시키는 데 더 큰 몫을 해낸다.

태블릿을 켜고 데이터를 보여라. 짧고 간략하게, 그러나 능숙하게 설명하라. 집약된 자료를 보며 고객은 빠르게 속셈한다.

'내가 이 사업을 통해 성장할 수 있겠군.'

사무기기를 능숙히 다루고 각종 파일을 편히 다룰 줄 알면 여러 직원과 일하는 것이다. 유치원 컨설팅을 하려면 유치원 사진을 찍어 PC로 옮기고 각도와 크기를 조절해 데이터에 넣는 것부터 연습하라. 최첨단 디지털시대에 살고 있다. 서둘러 좋을 건 없지만 더딘 건 더 좋지 않다. 시대의 흐름을 빨리 읽고 맞춰 배우라. 그러면 그럴수록 나의 가치가 높아진다. 최대한 빨리 그리고 정확히 사무기기를 정복하라!

홍보도 제안도
'파격'적으로

컨설턴트는 창작자다. 작곡가나 작가, 화가 같은 예술 분야의 사람들만 창작을 하는 게 아니다. 어쩌면 컨설턴트야말로 가장 멋진 창작자일 것이다. 그럼 왜 창작자라 하는가. 창작은 모로 남이 하지 않은 작품을 내는 걸 의미한다. 컨설턴트 역시 남이 손대지 않은, 즉 남이 늘 하던 방식을 탈피하는 것이 좋다. 최대한 파격적인 것이면 좋으리라.

아이디어는 짜면 짤수록 분출된다. 예전 베스트셀러에 오른 책 한 권의 경우다. 출판사 직원들이 종각에서 광화문 쪽으로 이동하는 지하철에 올라 책을 거꾸로 든 채 나란히 서 있기를 반복했다고 한다. 이후 대형서점이 밀집한 광화문과 종로 쪽 서점에서 책이 불티나게 팔려 나갔다. 급기야 베스트셀러에 올랐다.

이처럼 같은 상품, 같은 일이라도 얼마나 파격적으로 하느냐에 따라 고객이 보는 선명도가 달라진다.

'나'를 홍보하는 방식도 기왕이면 파격적으로 하라. 아이디어를 최대한 만들고 꼼꼼히 준비하자. 누가 보더라도 고개를 끄덕일 기획을 하자. 공감해서든 특별해서든 고객이 고개를 끄덕이면 소위 반은 먹고 들어간 셈이다. 그다음 차질 없이 준비된 데이터를 고객에게 건네자. 분명 OK 사인을 보낼 것이다. 파격적이라는 것이 반드시 요란한 것일 필요는 없다. 쉽게 설명하자면 남들이 흔히 하지 않는 일, 누구나 늘 하는 행위를 벗어남을 의미한다.

사람들은 지하철에 앉아 있으며 앞에 나란히 선 채 책을 거꾸로 들고 있는 출판사 직원들에게 관심을 뒀을 게다. 아닌 척하면서도 들고 있는 책 제목이 무엇인지 살폈을 게다. 서점과 가까운 곳이니 들른 참에 그 책이 어디쯤 있나 한 번 살펴보았을 게다. 궁금한 걸 못 견디는 사람은 다른 일 뒤로 미루고 서점을 차라리 먼저 찾았을 게다. 가서 떠들어 보니, 어라, 유용도도 높다. 게다가 책인데 고작 커피 두 잔 값이려니, 먹고 사라지는 것도 아닌데 무조건 샀을 게다. 애써 큰돈을 들이지 않았는데도 엄청난 효과를 거둔 거다.

내 상품을 홍보하는 데 있어, '나'를 알리는 데 있어, 남에게 피해를 주지 않는다면 경계선은 없다. 전문컨설턴트로 일을 함에 있어 나를 홍보하는 것 역시 영역이 없다. 불법이 아닌 이상 누군가에게 해를 끼치지 않는 이상 최대한 파격적으로 '나'를 홍보하라. 고객은 뛰어난 아이디어로 자신을 홍보하는 컨설턴트를 보면 기대감도 상승된다. 어쩌면 출판사의 홍보도 출판전문 컨설턴트가 말해 준 것인지도 모를 일이다.

출판 분야의 좋은 아이디어가 많다면 도서컨설팅전문가가 될 수 있다. 이런 책은 이렇게 홍보를 하면 훨씬 더 많이 팔릴 텐데, 이렇게 책을 만들면 더 많은 독자들이 몰릴 텐데, 로부터 시작해 출판사의 매매·임대·허가 등까지 아우른다. 그러다 누구도 생각지 못한 아이디어를 주게 되면 출판업을 하려는 사람은 어떻게 해서라도 이행한다. 천만 원이 들더라도 오천만 원을 벌어들일 수 있다면 누구라도 한다. 컨설턴트는 처음 제안을 하며 자신을 알리지만 이후에는 아이디어를 달라며 부탁을 받는다. 고정관념을 탈피하는 방법은 흔한 공부법을 버리고 나만의 공부법을 찾는 것이다.

방송으로 장사가 잘되는 옷가게를 본 기억이 있다. 지하상가에서 유독 한 가게만이 매출을 열 배 이상 올린다는 거다. 다른 가게보다 매장이 더 큰 것도 아니고 더 고급스러운 옷을 파는 것도 아니다. 이유인즉 다른 가게들과 달리 옷의 배치가 훌륭함 때문이란다. 즉 마네킹과 옷의 조화를 잘 두고 매장과의 색감 조화 등을 다른 가게와 달리 한다는 거다. 고객은 같은 옷인데도 사 입고 싶은 충동을 느낀다.

'다른 매장도 그렇게 하면 되지?' 싶을 수 있다. 매장을 운영하는 사람은 그만큼 연구하고 공부한 거다. 하루아침에 따라갈 기술이 아니라는 말이다. 자신만의 방법으로 연구한 것이니, 옆 가게가 그대로 따라 하다간 비웃음만 살 뿐이다. 그만큼 할 수도 없으면서 흉내만 내는 꼴이다. 자신만의 새로운 방법을 찾으면 역시 가능하리라.

파격은 자극이 아니다. 타인을 따라하지 않고도 남의 시선을 사로잡을 수 있다. 컨설턴트는 우선 나 자신을 알리는 데 있어 보다 파격적이어야 하고 이후 고객을 상대로 파격적 제안도 거침없어야 한다. 그것이 오롯이 고객을 위한 것임을 인정받게 되면 가치는 나의 것이 된다.

내가 살 목적을 둔 물건도 아닌데 대형 마트나 전자 상가 앞에 '파격 할인'이라고 쓰여 있으면 괜히 눈길이 간다. 나만 그런가 하고 보면 열에 아홉은 한 번쯤 쳐다본다. 원래 사람의 심리가 게서 게다. 그 열에 몇 명은 원래 살 목적도 없었으면서 그 '파격 할인'이란 말에 '뭐 일단 한번 들어나 가 볼까' 하게 된다. 내심 난 물건을 안 사, 그냥 보기만 하는 거지, 하고 작정도 한다. 하지만 그 열에 하나는 애초 계획에도 없던 물건을 산다. 그게 나일 때도 많다. 웃으며 고개를 끄덕이는 사람 꽤나 많을 테다. 그냥 할인과 '파격 할인'은 이처럼 어마어마한 차이다.

지금이야 워낙 보편화되어 있지만 처음 99만 9천 원짜리가 등장했을 땐 꽤나 큰 충격이었다. 백만 원에서 겨우 천 원 깎아 주는 건데 언뜻 보면 십 만원 가까운 할인인 것처럼 보인다. 이후 대부분의 물건에 9만 9천원, 39만 원 등의 가격대가 붙기 시작한다. 왜? 효과가 좋아서다. 글자 한 자가 이처럼 큰 차이를 준다. '파격 할인'으로 장사를 잘하는 업체를 뭐라 할 수 없다. 불법을 저지른 것도 아니고 남에게 해 끼친 것도 아니니 말이다. 원래보다 싸게 줄 테니 사 가라는 말을 한 것인데 거기다 '파격'까지 붙여 주셨으니 감동일 밖에!

이처럼 파격은 일단 사람들의 시선을 집중시킨다. 사람들의 시선이 몰리면 반응하는 이가 생기고 지갑을 여는 이가 생긴다. 전문컨설턴트로서 어떤 일을 하려는 계획이 세워졌다면 이제부터 준비해야 할 것은 바로 '파격'이다. 무엇으로부터 '파격'이어야 할지 노트나 화이트보드에 적어 보자. 그러다 보면 'Good Idea!'라는 말이 떠오르는 순간이 온다. 이제 나는 좀 더 '파격'인 사람이 된다. 나의 전문적 지식 역시 '파격'으로 움직여 보자.

세금 분야까지
완벽한 서포터 되기

사업을 하려는 사람들은 양도소득세 신고다 뭐다 해서 각종 세금 문제가 생기면 혼란스러워 한다. 도무지 무슨 소리인지 모르는 경우가 참 많다. 건물과 토지 등의 영업권을 양도할 때 생기는 소득에 대해 부과하는 세금을 양도소득세라 한다. 어휴, 뭐가 뭔 소린지 원, 할 수 있다. 이처럼 고객들은 많은 일로 헷갈려하고 난해해한다. 이럴 때 컨설턴트가 능숙히 이 일을 처리할 수 있는 능력을 갖추고 있어야 한다.

"소득세를 신고 해야 한다는데 도무지 어찌해야 하는 건지 알 수가 없네요?"

"세금 소리만 나와도 그냥 머리가 아파요."

고객이 이런 식으로 질문해 왔을 때 "한번 알아보겠습니다."

라고 대답해서는 안 된다. 그 순간 신뢰의 탑은 와르르 무너진다. 공든 탑이 마치 공을 안 들이고 만든 탑처럼 오해를 사는 거다. 아니, 그 부분은 최소한 공을 들이지 못한 거다.

"아, 양도소득세의 경우 이러이러한 절차를 거칩니다. 신고하는 방법은 이러합니다. 제가 해 드리겠습니다." 하고 답할 수 있어야 한다. 고객 스스로 할 수 있도록 완벽한 서포터 역할을 하거나 완벽 대행을 해 줄 수 있어야 한다. 어떤 경우도 서툴면 안 된다. 그 밖에 등기 관련 문제도 많다. 자세히 알아 둬야 하는 부분이다. 매매, 임대 등이 비즈니스의 처음이므로 컨설팅 전문가는 손바닥 보듯 기본법을 완벽히 숙지하고 있어야 한다.

고객과 상담을 하다 보면 이런 부분을 명확히 몰라 물어 오는 경우가 다반사다. 이때 버벅거리기 시작하면 모든 일을 그르친다. 이후 발생하게 되는 분야의 법적 문제 등에 대해서도 상세히 숙지해 둬야 한다. 양도소득세니 부가세신고니 듣기만 해도 머리가 어지럽다. 하지만 무엇이든 처음엔 난해하다. 뭘 어찌하라는 건지 헷갈리고 그대로 하면 또 뭔가 잘못되었다고 나온다. 하지만 그래 봐야 고시원에 틀어박혀 공부하는 취준생의 백 분의 일 공부도 안 된다. 아니, 천 분의 일도 안 되는 정도다.

뭐든 해 보면 수월해지고 능숙해지기 마련이다. 일을 편히 하기 위해 분야 공부를 종합적으로 해야 하는 것이지만, 그보다 더 중요한 건 그로 인해 고객이 나를 대하는 태도가 처음부터 달라지기 때문이기도 하다. 나는 당신으로부터 나올 어떤 질문도 모두 답할 수 있고 어떤 일이든 모두 해결할 수 있다는 자신감, 그 자신감을 고객은 생각보다 정확히 파악한다.

세세한 능력을 갖춘 사람과 그렇지 않은 사람은 본디 말투부터 다른 법이다. '잠깐만요. 몇 시간만 알아보고요.' 혹은 '내일까지 알아보겠습니다.'는 통하지 않는다. 고객과 상담 중 이 자체만으로도 밀리기 시작하면 시작도 못 해 보고 끝이다. 고객은 자신을 이끌어 줄 사람을 찾는 거다. 그리고 자신을 편하게 끌어 주는 대가로 막대한 컨설턴트 비용을 지불한다.

TV를 사러 간다고 가정하자. 우선 가장 먼저 역점을 두는 건 크기다. 이때 판매원의 상담에 따라 마음을 바꾸는 경우가 많다. 뭔가 사려는 마음을 굳혔다가도 판매원이 상품을 제대로 설명하지 못하면 사도 괜찮은 걸까 고민한다. 반대로 사려 하지 않던 상품도 능수능란한 소개엔 마음이 바뀌어 처음 작정보다 훨씬 큰 걸 사게 된다. 이렇듯 뭐든지 해 보면 능통해지고 그 능통함이 고객에게 인지되는 순간에라야 지갑이 열린다.

특히 세금신고나 등기 등에 관한 것은 개인정보나 소득과 관련된 것이라서 컨설턴트에 대한 믿음이 없다면 드러내기 어렵다. 또 고객 가운데서도 그 분야에 대해 나름대로 아는 분들도 꽤 있다. 그러니 대충 배워서는 안 된다. 확실히, 면밀히 공부를 해 둬야 한다. 그래야 고객과의 상담에서 밀리지 않는다. 주도권을 컨설턴트가 쥐고 있어야 한다. 어쩌다 "그것도 몰라요?" 라는 말이 들리면, 실패한 거다.

당장 홈텍스 어플을 클릭하거나 홈페이지로 들어가라. 홈텍스 관련 일들이 무엇인지 숙지하라. 양도소득세는 무엇이며 신고 방법과 절차는 어떤 것인지, 등기는 어떻게 이전하고 신고하는 것인지 손바닥 보듯 훈련하라. 뭐든 해 보라. 다시 말하건대, 해 보면 진짜 별거 아니다.

관련 법을 능수능란하게
해결하는 컨설턴트

앞서 법 얘기가 살짝 나왔으니 좀 더 짚고 가 보자. 우리가 어떤 문제로 논쟁이 벌어지고 서로 양보가 없을 때 소리를 고래고래 지르며 하는 말이다.

"그래, 그럼 어디 법대로 해!"

"세상, 진짜 법 무서운 줄 모르시네? 어디 한번 해 봐? 아, 법대로 하자니까!"

팔을 걷어붙이고 당장이라도 잡아먹을 듯 노려보며 법대로 하자며 목에 핏대를 세운다. 사람들은 정말 자신과 관련된 일에 대해서 이처럼 법에 해박할까? 얼마나 법에 대해 잘 알기에 법대로 해 보라며 언성을 높일까? 사법고시를 마지막까지 패스는 못했더라도 최소 일차 통과쯤은 했던 사람들이 사업이란 걸 하는 걸까?

유치원과 어린이집 컨설턴트로 일하며 알게 된 사실 중 놀라웠던 게 있다. 막상 경영자인 원장님들도 교육 관련 법을 잘 모른다는 사실이다. 밖에서 느끼기엔 어떤 분야의 일을 하고 있으면 자신의 영역에 대한 최소한의 법은 숙지하고 있어, 법적 문제에 직면하지 않을 것 같다. 한데 막상 법적 문제가 발생, 상의해 보면 오히려 분야 밖의 사람보다도 모르는 경우가 다반사다. 어찌 그게 가능할까 싶지만 자주 듣는 말 역시 비슷하다.

"그런 법도 있어요?"

"법이 원래 그래요?"

"언제 그런 법이 생겼어요?"

애초 법의 규정에 무지했으면서도 새로 생긴 법에 대해 불만도 가득, 대부분 일에 대한 부푼 꿈, 미래에 대한 야망, 돈에 대한 목적이 가장 먼저다 보니 그로 발생할지 모를 법적 문제 등은 애초 잘 알아 두지 않고 시작한다. 하다 보면 알겠지, 어찌어찌해 보면 가능하겠지. 나보다 더 무식해 보이는 사람도 다 하던데 뭐, 하는 식으로 대충 생각하는 경우까지 있다. 하지만 막상 어떤 사업을 시작하려고 보면 온갖 법의 제약이 발목을 잡는다. 귀신보다 더 집요하게 발목을 휘어잡고 놓아주지 않는다. 그게 법이다.

허둥지둥 법이 어찌 되는 것인지 알아보려고 하면 애써 봐 둔 가게 터를 놓치기도 한다. 또 생각보다 많은 법 규칙은 당최 뭘 어찌하라는 건지 헷갈리기만 한다. 이때 스파이더맨처럼 등장해 주는 이가 바로 컨설턴트다. 세법이면 세법, 상법이면 상법, 부동산이면 부동산법 등 관련 법을 능수능란하게 해결하는 컨설턴트를 만나는 순간, 상대는 입이 떡 벌어진다. 세법이 막막해 자문을 구한 고객에게 상법까지 해결해 주면 그는 평생 당신의 고객이 되겠노라 다짐한다.

컨설턴트가 되려면 법 공부까지 해야 하느냐고? 공부라면 지긋지긋한데, 게다가 하필 법 공부라니? 걱정하지 마시라. 누가 예전 사법고시 공부하듯 법을 공부하라 했는가. 내가 컨설팅을 하려는 분야의 일에 대한 법적 공부만 하라는 거다. 냉정히 나누면 공부라는 타이틀도 달기 살짝 민망하다. 머리에 띠를 두르고 책상에 앉아 코피를 흘리며 할 정도는 아니다.

한 분야의 세법이 있다. 상법이 있고 부동산 관련 법이 존재한다. 한 분야에 대한 포괄적 법에 대해서만 숙지하고 있으면 된다. 현장을 다녀 보며 익숙해지면 그다지 복잡하지 않다. 앞서 누누이 얘기했지만 닥치고 반복해 보면 뭐든 어렵지 않다. 해 보지도 않고 판단하니 어렵다고 느끼는 거다. 학원 관련 컨설턴트가 되려 한다면 학원 관련 법만 충실히, 출판 업무 관련 컨설턴트가 되려면 출판 관련 법만 충실히, 이처럼 각 분야 관련 법만 공부하면 된다.

학원도 의외로 까다로운 규칙들이 법으로 정해진 게 많은데 막무가내로 운영하려는 사람들이 있다. 이때 '법'의 문제 앞에서 머리를 긁적인다. 그것만 해결하면 경영자가 직접 나서 볼 일일 수 있지만 할 일이 산더미 같아 엄두가 나지 않는 거다. 그래서 컨설턴트가 필요하다. 법에 대한 일들은 거의 모두 돈과 관련된다. 그래서 보다 더 구체적으로 학습해 둬야 한다.

애써 처음부터 법적 절차까지 해 주겠노라 이를 건 없다. 컨설턴트들은 대부분 관여할 일이 생긴다. 고객이 "아! 법이 문제네!" 하는 순간 "걱정 마십시오. 제가 다 알고 있습니다." 하고 답해 보라. 다시 또 입이 떡 벌어질 것이다. 만일 공부 중에 살짝 헷갈리면 좀 더 전문적인 사람에게 자문을 구하라. 내게 다소 헷갈리던 문제를 쉽게 풀어 준다. 내가 컨설팅을 잘할 때 고객 역시 같은 마음일 거라는 걸 역으로 알게 된다. 상대의 입장이 되어 보는 거다.

🅑 한 토막 Q&A

Q. 컨설턴트가 되려면 어떤 것이 필요할까요?

A. 컨설턴트가 되기 위해 꼭 필요한 네 가지만 꼽으라면 첫 번째로 체력이 필요합니다. 두 번째로는 자신이 잘하는 것을 찾아서 집중해서 학습하여야 합니다. 그리고 세 번째로, 어떤 일을 전체적인 관점에서 파악할 줄 아는 다재다능함과 특정 분야에서 전문적으로 파고들 줄 아는 능력이 동시에 요구됩니다. 마지막으로, 어떤 자료를 확실히 파악하기 위한 네 가지 능력, 즉 읽고(Reading), 요약하고(Summary), 프레젠테이션하고(Presentation), 논의하는(Discussion) 능력이 요구되며 그것을 글로 표현하고, 다른 사람 앞에서 말로 표현할 줄 알아야 합니다.

훌륭한 설계도,
특별한 컨설턴트

세계 7대 불가사의 중 하나인 피라미드가 컨설팅전문가에게
도 필요하다. 또 무슨 소리인가 할 것 같다. 컨설턴트로서 내가
최종적으로 이루고자 하는 지점을 맨 꼭대기로 두자. 그 꼭대기
까지 쌓으려면, 또 올라가려면 아래에서부터 한 걸음 한 걸음
움직여야 한다.

처음 단계에선 어떤 것들이 필요한지 계획서를 작성해야 한
다. 설계도 없이 지어지는 건물은 없다. 밑그림을 잘 그려야 멋
진 수채화가 완성된다. 애초 설계도가 잘못 만들어지면 온전한
건물은 지을 수 없다.

할리우드의 유명한 감독이 이런 말을 남겼다.

"영화는 첫째도 시나리오이고 둘째도 시나리오다. 그리고 셋

째도 시나리오다."

너무 지당한 이야기다. 영화에서 제아무리 특수기법을 쓰고 세계적인 연기파 배우가 주연을 맡더라도 애초 시나리오가 엉성하면 영화는 망한다는 거다. 또 하나, 유명 감독의 말을 빌린다. "좋은 시나리오에서 나쁜 영화가 나올 순 있지만 나쁜 시나리오에서 좋은 영화가 나오는 건 불가능하다."

물론 영화 콘텐츠에 대해 이야기한 것이지만 모든 사업가들과 컨설팅전문가들이 꼭 알아 두었으면 하는 말이다. 영화의 시나리오는 컨설팅전문가에겐 사업계획서에 해당한다. 인용하여 연결해 보자면 "좋은 계획서에서 나쁜 성과가 나올 순 있지만 나쁜 계획서에선 좋은 성과가 나오는 건 불가능하다."가 된다.

마찬가지로 잘 만든 설계, 허점이 없는 설계도라야 보다 완벽한 집을 지을 수 있다. 요즘은 둥글거나 기울어진 모양의 건물도 있고 곡선으로 이어진 건물도 등장했다. 아마도 설계 단계에서 수없이 반복했을 것이다. 건물을 짓는 동안 위험할 부분이 생기진 않을지, 그런 일을 발생하게 하지 않으려면 어찌해야 하는지 다각도로 연구하고 나온 결과물이다. 훌륭한 설계도가 있었기에 특별한 건물을 만들 수 있었던 거다.

컨설팅전문가는 피라미드 설계도를 준비해야 한다. 아래는 훨씬 넓은 구조다. 쌓기 쉽다 여길지 모르지만 면적이 넓어 만만히 보면 안 된다. 피라미드 사업설계도를 짜라는 이유다. 시작할 때 준비해야 하는 것들이 훨씬 많다. 이른바 기초공사를 하는 거다. 제아무리 멋진 지붕도 기둥이나 벽이 허술하면 무너질 수밖에 없다. 피라미드의 아래를 넓게 쌓은 이유다.

한 단계의 설계도를 보다 폭 넓게 작성하자. 보다 구체적이면 좋다. 이제 다음 단계의 설계도를 그리자. 준비는 덜 고되지만 수익은 차츰 높아진다. 위로 오르는 계단을 수입이라고 보면 되겠다. 최정상이 내가 목표한 지점이며 목표한 돈을 벌었을 때다. 정상으로 가면 갈수록 준비할 몫은 줄어들지만 위상은 높아진다. 위상이 높아졌다는 건 돈의 가치도 따라왔다는 의미, 맨 밑바닥의 설계도만 작성하면 안 된다. 어느 누가 건물을 지으며 바닥공사만 설계하는가. 반드시 아래에서 정상까지의 목표를 계산, 설계도를 짜야 한다.

피라미드가 완성된 다음 버튼을 눌러야 한다. 이제 겨우 벽돌 몇 장 날라 놓고 버튼을 누르면 문 밖에서 기다리던 사람들은 한껏 비웃는다. 목표가 뚜렷해야 한다. 3년 후까지 혹은 5년 안에는 피라미드 꼭대기까지 오른다는 구상이 좋다. 이때 어느 만큼의 단계까지 오른다는 설정을 해야 지치지 않는다. 무리해서 단기간에 정상에 오를 욕심을 부리면 자칫 다친다. 목표치보다 더 많이 오를 때가 제법 있다. 그땐 그만큼 잠시 쉬어도 좋다. 열심히 달려온 성과에 대한 나의 보상이다. 그럴 시간도 아깝다면 쉬지 않고 다시 위로 오르면 된다. 처음 설계되었던 목표일보다 훨씬 빠르게 정상에 도착한다.

매번 다른 설계를 하지 않아도 된다는 건 장점이다. 쉽게 말하면 완벽한, 완전한 설계도는 재활용이 가능하다. 이것이 영화의 시나리오와는 다른 부분이라 하겠다. 영화는 같은 시나리오로 똑같은 영화를 만들 수 없지만 컨설팅사업계획서는 같은 방식으로 다시 만들더라도 누구도 뭐라 하지 않는다. 그러니 이 설계도는 반영구적이다.

히트작이 워낙 많아 나열도 힘든 작가가 있다. 로맨스의 대가인 김은숙 작가다. 김은숙 작가가 쓰는 대본이라고 하면 최고의 스타라 불리는 배우들도 서로 출연하려고 한단다. 백전불패의 신화를 기록한 작가의 작품을 누가 마다하랴. 신인의 경우 그녀의 작품을 통해 스타로 발돋움하기도 한다. 김은숙이라는 이름이 엄청난 브랜드가 된 거다. 이게 가능한 이유는 그녀의 완벽한 대본 덕이다. 좋은 설계도라야 좋은 집이 지어지는 것과 같다.

컨설팅의 설계도라는 드라마가 있다. 완성도가 높으면 수많은 사람들이 출연하려고 줄을 설 것이다. 부와 명예가 따를 만큼 분야의 최고가 되기 위해서는 사업계획서의 구체적 작성이 중요하다.

만일 사업계획서를 나름대로 구상해 보았는데 너무도 완벽해 미칠 듯 좋은가. 그렇다면 사업계획서를 서랍에 넣은 다음 일주일 후 다시 꺼내 살펴보라. 허점이 곳곳에서 고개를 내밀고 비웃을 것이다. 한 번에 되는 것은 없다. 그렇다면 그건 기적이다. 로또 당첨 확률이 팔백만 분의 일이란다. 그런데 그중 딱 한 번만 사서 당첨될 확률은 더욱 희박하단다. 무엇이든 한 번의 도전으로는 힘들다.

일주일 후 계획표를 꺼내 수정하고 다시 오 일 후쯤 꺼내 살펴라. 지나온 일주일과 5일 동안 구한 모든 걸 다시 설계도에 적어라. 빈 공간이 채워질 것이다. 이렇게 서서히 날짜를 줄여 가며 보다 완성도 높은 사업설계도, 컨설팅전문가의 시나리오를 완성, 피라미드를 쌓아라. 나만이 만든, 나만이 알고 있는 이 피라미드의 공법은 영원한 미스터리가 될 것이고 불가사의로 남을 것이다. 컨설턴트계의 전설적 불가사의가 되고 싶다면 완벽한 피라미드 설계도를 쌓아라. 지금 당장 백지를 펼쳐라.

설계도가 엉성하면 사업과 인생을 망칠 수 있다. 사업과 인생의 설계도를 잘못 짜면 어찌 되는지 수다를 좀 떨고 가겠다.

Money making secrets

여섯.

달콤한 유혹의 덫

신은 멋지고 특별한 달란트를 포장해 깊은 곳에 넣어
둔다. 그것을 찾아 내 것으로 만드는 사람이 있는가
하면, 평생 남의 뒤만 쫓는 사람이 있다. 내 안에 숨겨
진 달란트를 찾아 떠나라. 취업이 어려운 때, 회사가
불안정해 강제로 퇴직해야 하는 때, 하던 가게를 때려
치워야 하는 때, 달란트는 빛을 발휘한다.

본사만 배불리는
프랜차이즈의 덫

"퇴직을 했는데 괜히 혼자서 가게를 차렸다가 망치기라도 하면 어쩌지?"

"그럼 뭔 걱정이야. 어디 치킨 본사에서 체인점주를 찾던데 연락 한번 해 봐."

회사를 퇴직한 B씨. 그의 나이는 딱 좋은 나이 오십 대 초반, 가게를 차려 보려던 B씨는 단독 브랜드로 장사를 해 볼까 걱정이 크다. 이때 친구가 유명브랜드 체인점을 운영해 보면 어떻겠느냐고 제안한다.

'맞아. 그게 더 안정적일 거야. 치킨도 브랜드 보고 시킨다잖아.'

결국 B씨는 유명치킨 본사에 전화를 건다.

"아, 딱 내가 하려던 건데!"

"와, 진즉 왜 안 한 걸까?"

후회의 파도와 기대에 부푼 희망의 파도가 충돌하며 쓰나미를 만든다. 프랜차이즈 본사는 처음 B를 곧장 부자로 만들어 줄 것 같다. 시키는 대로만 하면 절대 망할 일도 없을 듯하다. 묻지도 않았는데 왜 진즉 이 생각을 못했는지 모르겠다며 본사 담당자에게 거의 90도에 육박하는 인사를, 아니 절을 하고 나온다.

유명 프랜차이즈 본사와 도장을 찍던 날은 로또에 당첨이라도 된 듯 신이 나서 계약서를 품에 안아 보고 실실거린다. B는 그간 지나온 인생이 몽땅 후회가 된다. 이 미련퉁이 왜 진즉 이 일을 하지 않고서는 바보 같으니라고. 지나다 보이는 프랜차이즈 체인점들이 그야말로 위대해 보여 문을 열고 들어가 '당신을 찬양합니다. 저보다 훨씬 이전 깨달으신 분들이시군요. 체인본사라는 천국을 미리 들어가신 당신은 찬양받아 마땅합니다. 당신은 찬양받기 위해 태어난 사람입니다.' 하면서 수다라도 떨고 싶다.

부푼 꿈을 안고 유명업체와 계약을 하고 가게를 차린다. 이제 부자가 되는 건 시간문제, 꿈은 더 크게 부풀어 올라 터지기 일보 직전까지 간다. 그렇게 B의 유명브랜드의 프랜차이즈 영업이 시작된다. 그런데 웬걸? 운도 좋지, 문을 열자마자 손님이 찾아온다. 봐, 진즉 했어야 했어. 왜 이걸 여태 모르고 살았던 거니?

동생 친구도 지방에서 이거나 한번 해 보라고 할까? 사십 넘어 직장 잘리고 뭘 하나 고민하던데. 오지랖도 넓지, 동생친구에게 문자로 본사 체인점 전화번호를 보낸다. 프랜차이즈를 적극 권유하는 문자도 빠트리지 않는다. 잠깐 편의점에 들러 음료수를 하나 산다. 치킨집을 준비하는 통에 콜라는 질린다. '아, 그러고 보니 편의점도 체인망이지? 치킨집보다 이게 더 나은데 그랬나?' 하는 순간 가게로 손님이 또 들어간다.

"됐어. 이제 대박은 시간문제야."

프랜차이즈 본사가 하나님 다음으로 느껴진다. 손님들에게도 소위 왕친절하려고 애쓴다.

그렇게 하루가 흐르고 한 달이 흐르고 이제 일 년이 지난다. 어느새 일 년 하고도 반이 훌쩍 넘어간다. 세월을 잡을 수 있다면 후회라는 놈을 잡아들일 텐데.

B씨는 대박이 나고 돈을 세느라 날을 새울 것 같았는데, 웬걸 대박은 고사하고 변호인과 마주 앉아 손해 본 금액을 세고 있다.

"이 계약이 진짜 잘못된 건 아니라는 거죠?"

"몇 번을 말씀드려요. 사장님이 직접 다 확인하시고 사인하신 거잖습니까."

B는 고개를 끄덕인다. 가게로 돌아오니 전화가 울려 댄다. 지난달 밀린 월급을 달라며 배달하던 아르바이트생이 전화를 한 거다. 젠장, 배달전화인 줄 알았더니. 직접 배달을 갈 수도 없

어 결국 또 사람을 구했는데 하필 통화 내용을 듣고 더 해야 하나 망설인다. B는 시간이 지나면 지날수록 날이 흐르면 흐를수록 자신은 프랜차이즈를 위해 희생봉사를 넘어 헌신하고 있는 존재임을 깨닫는다.

"이상도 하지, 참 희한도 하지, 나는 들어오는 돈이 없는데 어떻게 본사는 저리 멀쩡할까? 무슨 재주일까. 어떤 마술을 부리고 있기에⋯⋯."

B의 한숨은 눈물이 되고 결국 법원을 찾지만 그가 이길 공산은 거의 없다. 원칙대로라면 내 맘대로 때려치울 수조차 없다. 미워 죽겠는데, 꼴도 보기 싫어 죽겠는데 계속해야만 한다.

알고 있는데도 우기는 건가, 아니면 몰라서 그러는 건가? 프랜차이즈 본사는 절대 당신에게 돈을 벌게 해 주지 않는다. 어쩌다 그래도 성공하는 사람이 있더라고? 그래, 백 프로라면 살짝 모순일 테다. 하지만 프랜차이즈 영업점으로 난데없이 대박을 냈다는 사람 또한 매우 드물다. 이유가 뭘까?

프랜차이즈 본사는 자신들은 절대 망하지 않아도 되는 희한한 구조시스템을 구축해 놓는다. 애초 설정이 그렇다. 잘해야 겨우 먹고사는 거다. 아니면 계약에 묶여 비가 오나 눈이 오나 내내 열심히 일해야 할 테고. 다시 한 번 강조하건대 프랜차이즈 본사는 당신에게 절대 돈을 벌게 하지 않는다. 내 배 부르려 체인망을 절묘하다 못해 교묘하게 이용한다.

편의점의 이면을 알게 된다면 혀를 차게 된다. 악법도 그런 악법이 없다. 그나마 얼마 전부터 강제로 24시간 운영을 우길 수 없도록 규정이 바뀐 게 천만다행이다. 그런데도 지금 어설픈 준비와 계획으로 유명 프랜차이즈 체인점주가 되려 하는가. 그 것도 나의 퇴직금 전부를 걸고서?

40대와 50대에 회사를 퇴직하게 되는 일이 많이 발생한다. 이 때 가장 많이 생각하는 것이 바로 프랜차이즈 영업이다. 본사에서 일사천리로 모든 걸 해결해 주는 것 같아 손쉬워 보이는 데다 퇴직금도 받았으니 당장 목돈도 있어 가장 쉽게 결론을 낸다. 그래서 자신하고 퇴직금 전부를 건다.

그런데 퇴직 후 프랜차이즈 지점을 열어 돈을 벌었다는 사람은 거의 없다. 대부분 마지막 재산일지 모를 퇴직금을 날렸다며 하소연이다. 순간의 잘못된 판단이 노후를 망칠 수 있다. 반드시 명심해야 한다. 지금 프랜차이즈점 계약서를 들고 있다면 돈은 다시 은행에 넣어 두고 계약서는 곧장 찢어 버리시길. 그래야 돈도 지키고 행복한 노후도 맞이할 수 있다.

다시 한 번 붙잡겠다. 차라리 자본 안 들고 일이 가능한 컨설팅전문가가 되어 보시라. 오롯이 나만을 위한 일로 가치를 이루며 프랜차이즈 체인점을 운영함과는 비교도 할 수 없는 큰 수입도 올릴 수 있다.

프랜차이즈 본사는 그들의 브랜드가 유명한 것일 뿐, 체인점이 유명한 게 아니다. 내가 늘 반대하는 창업 중 하나가, 특히 사오십 대들이라면 더더욱, 바로 이 프랜차이즈 체인점 사업이다. 지금 손에 프랜차이즈와의 계약서를 들고 있다면 다시 한 번 계산기를 두들겨 보시라. 십만 원을 온전히 갖기 위해 애를 써야 하는 시간과 노동력 그리고 금전적 투자를 계산해 보시라. 잘 알고 보면 시간제 아르바이트를 한 것과 크게 차이가 없다. 그런데 그 안에 투자된 노동과 시간적 가치를 살피면 오히려 손해인 경우도 많다.

B는 지금 닭다리만 봐도 토할 것 같다.

"프랜차이즈 누가 한다고만 해 봐. 특히 나 같은 사오십 대 아재들 나서기만 해 봐. 진짜 보따리도 안 싸매고 가서 말릴 테다. 보따리 싸는 동안 계약이라도 하면 어쩌느냐 말이다."

B는 소리친다.

"여보쇼. 프랜차이즈 본사는 당신에게 절대 돈을 벌게 하지 않습니다. 내 퇴직금 돌리도!"

불필요한 자격증, 많을수록 손해다

살아가면서 꼭 필요한 증이 두 개 있다. 하나는 신분증이고 또 하나는 운전면허증이다. 그 외엔 딱히 필요하다 여기지 않는 다. 물론 미용사를 꼭 해야 하는 사람이라면 미용사 자격증을 따야만 할 테다. 분명한 목적이 있고 그 일에 대한 법적 절차가 필요하다면 자격증은 무조건 따야 한다. 그런 경우도 하지 말란 게 아니다.

주변을 보면 전혀 쓰임새도 없는 자격증을 따느라 애쓰는 사 람이 많다. 자격증이 많다고 해서 국민연금을 덜 내고 이후 더 받는 것도 아닌데 왜 그리 자격증을 따려고 돈과 시간을 투자하 는지 알 수 없다. 뭐든 많이 알면 좋다 하지 않았느냐고? 맞다. 부정하지 않는다. 다만 안다는 것의 기준은 오롯이 내가 개척하려는 특정 분야에 한해야 한다는 거다. 요리사가 될 것도 아니면서 요리사 자격증을 무리해서 따고 PC 관련 업종에서 일할 것도 아니면서 무리하게 PC 관련 자격증 취득을 하려 공부할 이유는 없다는 거다.

자격증뿐이 아니다. 취업에 도움이 될까 하여 이른바 '스펙'을 쌓는다. 스펙 열풍은 시간이 흘러도 시들지 않는다. 온갖 학원에서 '스펙'을 권유한다. 그 전략에 고스란히 시간과 돈을 넘겨주며 넘어가 준 거다. 평소 관심도 없던 분야의 공부를 하려니 머리가 터질 지경인데도 스펙을 쌓아야 미래가 보장된다는 그 어디에도 명시되지 않은 근거를 주장하며 오늘도 머리를 질끈 동여맨다.

취업에서도 생각만큼 큰 비중이 분명 아니라고 여러 차례 소개가 됐음에도 사람들은 무슨 근거인지 그 미련을 버리지 않는다. 아니, 버리지 못한다. 스펙을 쌓기 위해 혹은 자격증을 따기 위해 애쓰는 걸 보면 그런 정성이 어디서 나온 건지 대단할 따름이다. 밤도 낮도 새벽도 가리지 않는 정성, 자격증이 많을수록 금고 속 쌓이는 돈이 많아지는 것처럼 여기는 모양이다.

아무것도 하지 않고 그저 노는 사람에게야 그럴 거면 무슨 자격증이라도 따야 하지 않느냐고 할 수 있겠지만, 그게 아니라면 그에 들어가는 시간이 결코 녹록지 않을 텐데 왜 계속하는 건지 모른다. 또 그 때문에 반대로 포기해야 하는 일까지 생긴다. 혹시라도 생겼을지 모를 어떤 기회가 자격증을 취득하기 위해 애 쓰는 동안, 소멸되었을 수 있다.

자격증은 절대 밥을 먹여 주지 않는다. 자격증을 따기 위해 보내는 시간을 체크해 보라. 학원 혹은 기타 교육기관에 가기 위해 준비하는 시간, 교육받는 데 걸리는 시간, 다녀올 때마다 들어가는 교통비, 다니지 않았더라면 들어가지 않았을 커피와 간식 비용. 그 외에 수많은 돈이 든다. 시간은 엄청난 투자다. 시간처럼 공평한 게 없지만 그래서 시간처럼 후회되는 것도 없 다. 누구에게나 공평하게 주어진 시간인데 나만 뒤처지니 나만 안 되니 후회하는 거다. 그런데 이 후회를 덜 하려고 자격증이 라도 따려는 거란다.

"뭐야. 내가 이걸 배우느라고 이렇게 많은 시간을 쓰고 있었 던 거야?"

"하루 커피 한두 잔 사 먹는 돈과 교통비가 이렇게나 많았던 거야?"

지금 불필요한 일을 위해 허튼 돈과 시간을 들이고 있을지 모 른다. 그처럼 허망한 낭비도 없다. 겨우 백만 원 들었다고? 아 니, 당신에게 필요치도 않은 자격증 취득을 위해 투자한 돈이 백만 원이라고? 계산 똑바로 해 보시길. 아마 200만 원도 넘을 것이다. 그 시간에 차라리 아르바이트를 했더라면 도리어 200 만 원도 넘는 돈을 벌었을 거다. 투자라는 명분을 달지만 자격증이 현실적 기능을 발휘할 때다.

무용지물인 자격증을 딸 바엔 관심 분야 책을 읽는 게 득이다. 활용할 가치를 찾아 나의 것으로 새롭게 만드는 게 백배 더 이롭다. 자격증을 취득할 계획이라면 그 자격증이 왜 필요한지 취득 후 어떤 활용가치가 있는지 적어 보라. 그저 다다익선이니 좋다 여기고 있는 건 아닌지. 불필요한 자격증은 많으면 많을수록 손해다. 그만큼 들인 시간과 비용도 비례해야 하는 탓이다.

컨설팅전문가는 자격증을 따로 필요로 하지 않는다. 우수한 능력이면 그만이다. 자격증보다 더 중요한 것은 신용이다. 자격증이 있어도 사람을 믿을 수 없다면 무슨 소용이랴. 고객은 자격증을 보고 선택하는 게 아니라 성실과 신용을 보고 선택한다.

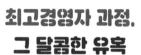

최고경영자 과정,
그 달콤한 유혹

세상엔 참으로 많은 유혹이 있다. 이브를 유혹한 사악한 뱀도 아닌데 혀를 날름거리며 세상의 모든 것들을 유혹하려고 온갖 아양을 떤다. 그런데 이놈의 유혹이란 것이 달콤하기 짝이 없어 아주 잘 넘어가니 문제다.

사설 교육기관에서는 최고경영자 과정이니 비즈니스센터니 하는, 그럴듯한, 때로는 어마어마하게 여겨지는 타이틀을 달고 사람들을 모집한다. 마치 과정을 이수하지 않으면 최고경영자는 될 수 없는 것처럼 교묘하게 홍보, 아니 유혹을 해 댄다.

"사업을 하시려면 혹은 하고 계산다면 최고경영자 과정은 필수, 필수입니다. 어서 접수하시고 교육을 받으십시오."

필수, 필수라는 말을 두 번 강조하며 임팩트를 높인다. 필수여야 한다면 국가기관이 나서서 독려할 것이 아닌가. 왜 사설기관에서 필수라는 말을 강조하며 사업자들을 유혹하느냐 말이다. 막상 최고경영자 과정에 등록하고 수업 받으러 가면 대부분 나이가 지긋하다. 물론 나이가 많은 사람들이 모이는 곳이니 가치가 없다는 말이 아니다. 요점은 교육 내용인데, 크게 도움이 안 된다. 오죽하면 어떤 이는 그곳을 일컬어 '나이 많은 사람들의 놀이터', '목적 없는 놀이터'라 하겠는가. 사업자들을 끌어들여 수업비를 버는 게 그들의 주된 목적이다.

배워야 한다면, 꼭 배워야 할 가치가 있는 일이라면 명분이 명확해야 한다. 경영자이니 최고경영자 과정을 이수해야 한다는 어설픈 논리는 웃음도 안 나온다. 사설교육기관의 교육은 절대 더 큰 지식을 전달하지 못한다. 오히려 현실 속 경영자들보다 더 모르는 경우도 허다하다. 길가에 서서 붕어빵을 팔아도 팔아 본 사람만이 순수익을 안다. 어떤 손님이 단골이 되는지도 붕어빵을 손님에게 담아 건네며 "또 오세요." 하고 인사를 건네 본 사람만이 안다.

무엇이든 현실과 이론은 민물과 바닷물처럼 다르다. 바닷물이 제아무리 맑아 보여도 입에 넣으면 삼킬 수 없을 만큼 짜다. 아주 맑은 바닷물을 컵에 넣고 마시라고 속여 보라. 아무 생각 없이 대부분 컵을 손에 들 것이다. 하지만 이미 컵을 들고 마시는 순간, 유혹에 넘어가 짠맛이 달게 느껴진다.

"어때요. 일반 물과는 다르죠?"

그 달콤한 물음에 고개를 끄덕이고 미소까지 지어 보인다. 세상이란 게 본디 나에 대해 하나도 궁금해하지 않으면서 열 번도 넘게 묻는다. 그중 하나만 걸려라, 하고 꼬리 아홉 개를 감춘 채, 혀끝에 사탕을 문 채 유혹한다. 역시 헛되고 허망한 낭비다.

사설교육기관에 가고 싶다면 차라리 일주일에 한 번 PC방에 가서 한두 시간 게임을 하고 오는 게 득이다. 돈도 얼마 안 들이고 스트레스도 풀 수 있다. 물론 게임에 중독되지 않을 자신이 있는 사람에 한해서만. 최고경영자 과정을 돈 들여 이수하려 하지 말고 노력으로 최고경영자의 위치에 서면 된다. 경험한 것이야말로, 현장에서 그간 갈고닦은 노하우야말로 최고경영자 대상감이다.

남의 뒤만 쫓는 사람,
내 것으로 만드는 사람

친구 따라 강남 간다는 말이 있다. 누가 뭘 하니 나도 관심을 둔다. 누가 뭘 해서 효과를 봤다고 하면 나도 될 것 같고 나만 안 하면 괜히 따돌림당할 것 같다. 살짝 건방을 떨기 시작하면 오히려 내가 하면 더 잘할 것 같은 상황까지 간다. 단언컨대, 남이 잘 못하는 건 나도 잘하기 어렵다!

내가 남보다 더 뛰어난 게 있다면 그만큼 그 일에 대해 열심히 해 왔기 때문이고, 남 역시 나보다 월등하다면 그 역시 그 일에 대해 그만큼 시간과 정성을 투자한 결과로 가능해진 거다. 희한도 하지, 이렇게 붙잡고 매달리는 데도 한사코 뿌리치고 달려가는 사람들이 보인다. 그깟 것쯤 내게 일도 아니라고, 난 딱 보면할 수 있다고 오만 방자를 떤다.

보면, 그저 척되는 세상이란 없고, 척해 내는 사람은 더욱 없다. 워드를 빨리 잘 치는 사람을 보면 하루만 배우면 그쯤 따라 할 수 있을 것 같지만, 당장 자판을 외우는 데 걸리는 시간만도 만만치 않다. 축구 선수들의 경기를 보면 당장 내가 뛰어들면 곧장 골대 속으로 공을 집어넣을 것 같지만 한마디로 그건 '내 생각일 뿐!'이다.

사람들은 말에 쉽게 귀 기울인다. 그러려면 고개를 돌리거나 머리를 숙여야 한다. 상대의 입이 내 귀보다 낮은 위치에 있기 때문이다. 그런데 배가 한쪽으로 기울면 바다에 침몰한다. 남의 헛된 이야기에 귀를 기울이는 건 멀쩡히 잘 가던 배를 힘줘 기울이는 것과 같다.

남이 벌여 놓은 판이 제아무리 좋아 봐야 그들의 멍석이다. 나를 끌어들여 춤을 추자고 유혹해도 넘어가지 말라. 나를 즐겁게 하려는 목적보다 자신이 즐겁고자 하는 목적이 배로 크다. 늘 '널 위한 거야.'라고 말하는 사람들이 많지만, 가족 아닌 이상 '날 위한 사람'은 없다. 더군다나 '너도 함께'라고 권유도 하지 않는데 굳이 '나도 한번 해 볼까?' 하는 어리석은 짓은 더더욱 하지 말자.

그래, 맞다. 게서도 성공한 사람이 있어 한껏 부러움을 받을지 모른다. 진즉 그 멍석 위에서 놀았더라면 그 자리는 내 차지가 되었을 텐데, 하는 아쉬움이 한숨으로 터진다. 하지만 앞서 말했듯 어느 곳이든 그곳에서 가장 높은 곳에 있는 사람은 가장 먼저 출발한 사람이다. 유별나게 운이 좋아 정상에서 손을 흔드는 게 아니다. 남 따라가려다 젊음을 망치고 남을 흉내 내려다 인생을 버린다.

사람들이 좋다고 몰려드는가? 그게 어떤 일인지 너무 궁금해 견딜 수가 없는가? 사람들이 몰려들었다면 내가 다가갔을 땐 이미 그들의 한참 뒤에 서야 한다는 사실을 잊지 말자. 설령 그 일이 대단해도 맨 끝에 선다는 사실을 말이다. 내가 더 잘할 수 있는 게 많다. 누구도 따를 수 없는 능력이 내 안에 있다. 대단해서가 아니다. 신은 멋지고 특별한 달란트를 각기 다른 색으로 포장해 깊은 곳에 넣어 둔다.

그것을 찾아 내 것으로 만드는 사람이 있는가 하면, 평생 남의 뒤만 쫓는 사람이 있다. 잘난 세상도 잘난 사람도 없다. 잘나 보이는 사람은 그만큼 노력한 거다. 내 안에 숨겨진 달란트를 찾아 떠나라. 취업이 어려운 때, 회사가 불안정한 때, 강제로 퇴직해야 하는 때, 하던 가게를 때려치워야 하는 때, 달란트는 빛을 발휘한다. 절대 남을 따라 하지 마라.

사업,
폼 내면 실패한다

이유 없이 목적 없이 그저 생색내는 데 공을 들이는 사람들이 있다. 일하는 사람들이 세 명뿐인데도 굳이 값비싼 강남에 사무실을 얻는다. 평수도 과하게 넓다. 임대료가 얼마인지 들으면 사람들이 놀라 입이 떡 벌어진다. 사람들의 그런 표정을 보면 내심 기분이 좋다. '그럼 내가 누군데!' 하며 소파는 최고급으로 들여놓고 정수기도 가장 비싼 업체에서 렌탈한다. 기왕이면 커피를 마실 공간이 별도로 있으면 금상첨화다. 빈 벽엔 제법 큰 그림 액자도 걸어 놓는다.

언젠가 나름대로 성공한 친구 사무실에 가 보니 이보다 살짝 적었더랬다. 그래서 임대할 때 그보다는 십 센티라도 더 큰 곳을 얻느라 애썼다. 딱 좋은 곳을 찾았는데 여기가 바로 거기, 기왕이면 다홍치마라고 건물도 지은 지 얼마 안 돼 흔한 말로 쌈빡하다. 사무실은 이 층인데도 애써 엘리베이터가 있는 건물로 들어온다. 사업 잘되면 그깟 월세쯤 아무것도 아니다.

화분을 사 들고 온 대학동기가 입을 떡 벌리며 "야 아무개 사무실보다 훨씬 좋다!"라며 추켜세운다. 어깨가 쓱 올라간다.

"에이, 무슨. 아무렴 걘 성공한 사람인데……."

올라간 어깨는 내려올 기미를 보이지 않는다. 이제 시작인데 벌써 친구보다 더 성공한 것처럼 대학 동기가 찬양질을 해댄다. 일은 내가 하는데 성공은 자기가 할 것처럼 꿈에 부푼 표정까지 짓는다. 그래서 그런지 내가 벌써 성공한 것 같다. 친구는 성공한 사람을 취재하러 온 기자이고 나는 성공 노하우를 전해 주는 대박 사장이 된 듯해 춤이라도 추고 싶다. 또 고교 동창이 주차장에 도착했다며 휴대폰을 울린다. 일단 사업을 벌였으니 친구들을 사방에서 초대한다.

"선희 씨 서류 좀."

어쩔까 고민을 한 세 번쯤 하고 일단 직원도 한 명 채용한다. 사장이 되고 보니 대우받는 게 한두 가지가 아니다. 신문 보급소 직원이 찾아와 굽실댄다. 내 직원도 아닌데 사무실이 번듯해 그런가 굽실대기도 잘한다. 사장님 같으신 분이 경제 사정에 빠삭하지 않으면 어쩌느냐며 경제 신문 구독을 권한다. 무려 세 달이 무료란다. 무료라서가 아니라 '사장님 같으신 분'이라는 말이 꽤나 마음에 든다. 결국 그 유혹에 홀라당 넘어가 계획에 없던 신문대가 지출 목록에 새겨진다.

실은 정수기도 이런 식으로 들여놓은 거다. '사장님, 사장님' 하며 웃는 얼굴로 꼭 필요한 거라는데, '아, 그래. 어디 물 안 먹고 살 수 있는 사람 있어?' 하며 들여놓은 거다. 앉은 사람은 나와 직원 하나뿐인데 책상 두 개면 설렁해 보여 서너 개 더 들여놓길 참 잘했다. 아, 좋다. 그럴듯해. 어차피 일이 대박 날 테고 직원도 엄청 늘어날 텐데 책상을 하나 더 사면 왕창 깎아 준다니 살 때 더 장만하길 잘한 거지. 난 역시 머리가 좋다!

아, 이럴 줄 알았으면 그때 맞은편 소파는 좀 더 큰 거로 사 놓는 건데 그랬다. 손님석이 좁아 불편해할 것 같다. 이럴 거면 베란다까지 있는 사무실을 임대할 걸, 한 달 30만 원만 더 주면 됐는데 하며 후회를 줄줄 잇는다. 얼마나 기대를 품게 했는지 하나뿐인 직원은 하나님보다 더 우러러볼 지경, 이래서 사장은 되고 봐야 하고 사무실은 크고 봐야 제맛이려니! 나는 한껏 흥분한다. 창문을 열고 맞은편 빌딩을 바라보며 주먹을 불끈 쥔다.

"기다려, 내년엔 널 몽땅 사 버릴 테니까."

그 기도를 신이 들어준 걸까? 문의 전화가 끊임없이 걸려온다. 직원 하나로는 도저히 감당이 안 될 것 같아 구인게시판을 열고 일단 사람을 한 명 더 찾는다. 대표자 이름에 명시된 자신의 이름이 좋다 못해 감격스럽다. 내 사업은 성공이라며, 아직

입금도 안 됐는데 파티 준비를 서둔다. 특히 성공한 친구는 그 자리에 꼭 부를 거라며 환상에 젖는다. 친구는 부러워 죽고 나는 좋아 죽는다!

그런데 이를 어쩌랴. 얼마 후, 거래 취소라는 전화를 한 통 받는다. 희한도 하지, 작정이라도 한 것처럼 연달아 취소 전화가 걸려 온다. 사무실의 직원은 사표를 진즉 써 준비 중이고 건물주는 밀린 월세 못 낼 거면 당장 짐 빼라며 성깔 꽤나 부려 댄다. 창문을 연다. 맞은편 이십 층 건물이 롯데타워보다도 더 높아 보인다. 돌아 소파를 보니 한 대 주먹으로 쳐 버리고 싶다.

괜히 큰 사무실을 얻었다는 생각, 필요도 없는 직원을 뒀다는 판단이 드는 순간 신문 값을 달라고 찾아온다. 어느새 석 달 하고도 몇 달이 흘렀다. 언제는 사장님 같은 분이 경제를 모르면 어쩌느냐며 추켜세우더니 신문 더 안 볼 거면 석 달 무료로 준 값을 몽땅 다 줘야 한다고 우긴다. 펼쳐 보지도 않은 신문이 가득한데 다투기 싫어 그냥 준다. 인사도 안 하고 쌩하니 가 버린다. 젠장! 세상 무섭다더니 신문 값 받으러 오는 사람이 제일 무섭다는 사실을 깨닫는다. 겨우 저 돈조차 이제 아까울 지경이 되다니……

폼생폼사. 사업은 폼 내려면 실패한다. 고정 지출이 적으면 적을수록 득이 많아지는 이 빤한 진리를 애써 부정하는 멍청한 사람들이 있다. 겉멋 들어 행복할 거라면 모델을 했어야지 왜 사업을 하느냐 말이다. 아, 모델들 들으면 화내겠다. 겉멋에 빠지면 수렁에도 빠진다. 남에게 보이려고 불필요한 장치들을 옆에 둘 필요가 없다. 사업은 돈을 벌기 위해 하는 행위다. 사무실이 작다고 대박 못 내는 것 아니고 소파가 허접하다 해 일이 취소되는 건 더더욱 아니다.

처음 사업을 벌이며 이런 실수를 많이 하는데 그야말로 실속 없는 짓이다. 최소 필요 공간만 있으면 되고 일단 혼자 할 수 있는 영역까지. 커피포트에 물을 끓여 먹어도 아무 이상 없다. 낡은 소파조차 앉을 사람이 없으면 놓을 필요도 없다. 이처럼 사람들은 그야말로 황당한 일들로 사업을 그르치기도 한다.

멋지고 초라한 삶의 주인공이 되지 마시라. 누구도 내게 별 관심이 없다. 내게 별 관심도 없는 사람들을 위해 주변을 꾸미고 잘 보일 이유가 없다. 폼으로 살면 폼으로 죽는다!

해 보지도 않고
지르는 비명

컨설턴트로서 스스로 자신의 영역을 개척할 수 있는 방법이 있다면 최상이겠지만, 효율적인 방법이 하나 있다면 바로 나와 같은 전문 컨설턴트로부터 교육받는 방법이겠다. 그리고 그 교육받은 지식을 토대로 타 지역으로 가 컨설턴트를 해 볼 수 있으리라.

그런데 교육 이후 참으로 엉뚱한 경우를 본다. 그건 어떤 일을 막론하고 발생한다. 어떻게 해도 안 된다는 사람들이 있다는 거다. 늘 "난 역시 안 돼."를 입버릇처럼 말하는 이들이다. '왜 선생님은 되는데 전 안 될까요?' 하고 묻는데 그 말 전후에 붙은 말이 무엇인가 하면 다름 아닌 '똑같이 했는데'다. 그런 이야기를 주변에서 듣게 되거나 직접 들을 때마다 드는 생각이 있다.

그들은 정말 자신의 말대로 '똑같이 한 걸까?' 하는 점이다.

그렇다면 정말 똑같이 했는데 그들의 말마따나 왜 누구는 되고 누구는 안 되는 것일까? 하도 궁금하여 그렇게 주장하는 사람들을 역추적해 본 적이 있다. 그때 얻은 결론은 하나다. 그들은 결코 똑같이 하지 않았다는 거다. 따라 하지 말라 일렀으니 자신만의 것으로 특별하게 만든 것이냐. 아니다. 그렇다면 배로 칭찬을 들었을 테고 성과가 배로 커졌을 것이다.

전문 컨설턴트로부터 교육받았음에도 불구하고 안 된다는 것은 자기 방식으로의 개발은 고사하고 말 그대로 일러 준 대로도 하지 않았기 때문이다. 이만큼 퍼 나르라 했거늘 그 반의반도 나르지 않고 왜 우리 창고만 안 채워지냐며 하소연한다. 그대로 해도 내 것이 아니라 복사한 듯 할 수 없는데, 하라는 대로 하지 않고 가란 곳으로 가지 않고서 '왜 나만'에 임팩트를 주며 억울해한다.

누군가는 됐는데 나만 안 되는 데에는 다른 이유가 없다. 나는 그만큼 안 했거나 아예 안 했거나 둘 중 하나다. 열에서 아홉이 같더라도 하나의 비법이 다르면 맛집의 육수를 따라갈 수 없다. 그래서 최고의 맛집 주인들도 정량을 달아 넣는다. 그 이하이거나 넘치게 많으면 절대 그 맛이 나오지 않는다. 그 육수가 싫다면 나만의 육수를 못지않게 만들면 된다. 아니라면 우선 그대로 따르라는 거다.

내가 더 잘하고 싶다면 그 외의 것들에 대해 더 연구할 수 있으나, 노력으로 공들인 시간이 맞먹어야 가능하다. 하물며 최고의 고수들에게 충분히 대가를 치르고 배운 것을 온전히 이행도 하지 않고서 안 된다고, 나는 될 수 없는 사람인 것 같다 체념하면 웃어야 할지 울어야 할지 알 수가 없다.

남만큼 하지 않으면 더 잘할 수 없다. 세상에 안 되는 일은 없다. 그런데 '하면 된다더니 개뿔, 해도 해도 안 되는 일이 얼마나 많은데…….' 하며 불만을 쏟는다. 제발 숨을 몇 차례 고르고 뒤돌아 걸어온 길을 되돌아보라. 분명 정해진 노선으로 걷지 않았을 테다. 확실하다.

우리가 TV에서 화재 사고 뉴스를 보다 보면 진화 장비를 애초 갖춰 놓지 않아 발생한 경우가 다반사다. '설마 내게 그런 일이 닥치겠어?' 하는 안심에서 생긴 사고다. 가르쳐 주는 사람은 죽어라 전하는데 배운 사람은 대충이다. 대충 배우면 대충하게 되고, 대충하면 '남은 다 되는데 나는 진짜 안 되더라.'가 된다. 안 하니 안 되는 것뿐이다.

하나의 단계를 지나며 해야 할 일이 있고 다섯 단계 올라설 때라야 가능한 일이 존재한다. 그런데 인간은, 나도 판단할 줄 안다는 자만으로 그쯤의 단계는 생략해도 된다고 여긴다. 무서운 착각이다. 천 리 길도 한 걸음부터인데 재주가 특별해 열 걸음부터 시작한다 하자. 그래도 일단 신발은 어찌 되었든 신어야 할 게 아닌가. 아랑곳없이 '그쯤 누가 몰라?' 하고 건방을 떠니 문제다.

같은 천 리라도 어느 길엔 어떤 신발을 신으면 좋다 해 주려는 건데 아예 듣지도 않고 무작정 길을 나선다. '왜 나만 안 되는 걸까?' 하는 사람보다 더 무모한 사람이다. 맨발로 먼저 갔으니 더 앞장섰을 것 같지만 이후 토끼와 거북이에서 결국 잔꾀로 패배하고 마는 토끼 신세가 된다. 내가 지지 않는 방법은 무조건 빨리 가는 게 아니다. 가라는 길대로 가지 않고 가라는 속도대로 가지 않으면 사고가 난다.

텔레비전 프로그램 중에 〈안녕하세요〉라는 방송이 있다. 각종 고민을 얘기하고 들어 주는 프로그램인데 그 많은 고민의 이면을 살펴보면 고민이 생긴 이유가 있다. 무엇이든 갈등엔 이유가 있는데 원인을 분석해 보면 원래 다짐했던 대로, 원래 작정했던 대로 하지 않아 그렇다.

결혼하며 처음 약속을 하고 행복하자던 부부가 어느 순간부터 각자에게 무관심해지면서 처음 약속을 잊는다. 결국 각자 생각대로 움직인다. 골은 깊어지고 갈등은 몇 배로 커진다. 당연한 수순이다. 이유는 처음 작정한 대로 하지 않아서인데 "왜, 우리는 안 될까?"라는 고민을 들고 나온다.

비즈니스가 그렇다. 컨설팅은 그중에서 더욱 그렇다. 만약 선배격인 내가 후배에게 어떤 경우의 수를 놓고 방법을 일러 주었다고 하자. 그럼 처음엔 일단 그대로 하라는 거다. 물론 내 방식을 찾는 게 최선이지만 선배의 가르침을 먼저 잘 따라야 한다. 그런 다음 나만의 방식을 찾는다. 하지만 그건 그야말로 몇 배의 노력을 기울였을 경우다.

일단 다른 지역에 가서 교육받은 그대로 해 보자. 안 해 보고 안 된다고 우기지 말라는 거다. 내가 안 되는 건 원인 분석이 제대로 안 되었기 때문이다. 그 원인이라는 것이 애초 계획을 무시해서다. 제발 부탁인데 해 보지 않고 비명을 지르지 마라. 내 목만 아플 뿐이다.

Money making secrets

일곱,

돈이 되는 가치

오늘 나는 어제보다 하루만큼의 노하우가 쌓였고 한
달 전보다는 무려 한 달만큼의 기술이 늘었다. 나를
지탱하는 에너지는 긍정이라는 힘에서 나온다. 잠들기
전. 오늘 긍정했으므로 얻은 성과를 살펴보자. 오늘 긍
정으로 얻은 만큼 이후 '돈'이 축적된다. 그렇게 웃으
며 내일도 돈이 되는 하루로 만들어 보자.

일관성이란 재료에
성실이라는 비법으로

맛집을 사람들이 자주 가는 이유는 당연히 다른 집에 비해 뛰어난 맛을 갖고 있어서다. 그래서 맛집이라 칭송하는 거다. 이 맛집이 오래도록 유지되려면 다른 건 다 떠나 그 칭찬받고 있는 맛이 변하지 않아야 한다. 십 년 단골이네, 어릴 적부터 지금까지 찾아오는 곳이네, 하며 칭찬하는 이유를 들어 보면 하나같이 십 년 전이나 지금이나 한결같은 맛을 유지하고 있어서란다.

맛집이 한결같은 맛을 유지하는 이유는 재료에 대한 일관성 때문이다. 맛집 주인들이 때로 자기 자식에게조차 비법을 전수해 주지 않았다는 걸 본 적이 다들 있을 거다. 호시탐탐 어깨 너머로 어머니의 비법을 알아내려고 애를 썼을 테지만 재료를 떠나 그 비율의 조합을 알아내기가 여간 힘든 게 아니다. 이는 재료를 서로 분배하는 일정치가 있고 그 기준을 조금도 벗어나지 않는 일관성 때문이다.

그 기준이 어딘지 주인만 아는 거다. 그 일관성의 비법을 자식에게도 쉬이 전수하지 않는 거다. 이처럼 일관성을 유지한 비법은 십 년 전이나 지금이나 다를 수가 없다. 뭔가 더 고급스러운 걸 추가해 특별한 맛을 내면 좋을 것도 같은데, 맛이 변하면 단골도 찾지 않는다는 걸 주인이 아는 거다. 일관성이 중요한 이유다.

컨설턴트 역시 이런 맛집 비법처럼 일관성이 있어야 한다. 상담자와 어제 나눈 이야기가 오늘 전하는 이야기와 다르고 오늘 일러 준 방법이 내일 현장에서 달라진다면 어느 누가 일을 믿고 맡기겠는가. 대충은 절대 통하지 않는다. 이런 사업의 허가를 내려면 이러한 구조를 만들어야 가능하다 해 놓고 막상 그다음 날이 되어 알아보니 그게 아니라 이런 식이더라고 말하게 되면 신뢰성에 큰 타격을 입는다.

누누이 이야기했듯 의뢰자는 컨설턴트의 사무실을 보고 의뢰한 게 아니고 학력을 보고 찾은 게 아니다. 컨설턴트의 전문성을 인정하고 의뢰한 거다. 잘 모르고 움직이면 그래서 낭패를 본다. 애매할 때 대충 답을 건네면 상대는 그것을 곧장 받아들인다. 이후 같은 문제가 생기면 그때 무슨 말을 했는지 몰라 전과 다른 말을 하게 된다. 그리되면 상대는 "전에는 이렇게 말하지 않았어요?", "아까 그렇게 하면 안 된다 하지 않았나요?" 하고 반문한다. 일이 이 지경에 이르면 감당할 수 없게 되고 정작 중요한 말을 건네더라도 상대는 확신하지 못한다.

업무에 필요한 모든 재료를 꼼꼼히 분석하고 그 재료들을 몇 개와 몇 개, 몇 대 몇으로 섞고 나열할 때 가장 뛰어난 맛이 나는지 꿰고 있어야 옳다. 맛집의 사장들은 눈 감고도 재료를 구별한다. 조금이라도 오차가 생겨 맛이 달라지면 가차 없이 버린다. 십 년 전 나를 찾았던 의뢰자가 오늘 또 나를 찾게 만들라. 이를 위해서 일관성은 필수다. 역시 십 년 전이나 지금이나 변하지 않았다면 이후에도 다시 또 찾을 것이다.

그리고 말한 것은 어떤 경우라도 반드시 지켜 내라. "제가 월요일 10시까지 처리하겠습니다."라고 말했다면 상대가 월요일 10시 1분에 찾아오더라도 보여야 한다. 의뢰자는 컨설턴트가 말한 모든 상황, 시간을 온전히 지킬 것으로 간주한다. 그래서 지켜야 한다. 상대를 편하게 해 주기 이전에 내가 편해지는 방법이다. 말의 일관성이 있어야 하는 이유이기도 하다.

일관되게 전한 말들은 행동으로 옮길 때 수월하다. 스스로 이랬다 저랬다 혼선을 빚었던 말은 우왕좌왕하는 상황을 만든다. 실천 불가가 되는 것이다. 상대가 열 가지 일을 맡겼을 때 일관된 말과 말에 대한 철저한 실천이 따르면 두세 가지만 보고도 상대는 컨설턴트를 무한 신뢰한다. 고객 역시 하나를 보고도 열을 판단하는 거다.

일관성의 범주에서 벗어나기 가장 쉬운 실수가 있다. 바로 말이 많은 거다. 자신에게 필요치 않은 이야기를 늘어놓는 컨설턴트라면 괜히 선택했나 싶은 후회를 준다. 반대로 상대는 말을 많이 할 수 있다. 자신이 궁금한 걸 설명하려니 온갖 것들을 끌어온다. 그리고 끝없이 늘어놓는다. 그래서 귀는 두 개인 거다. 상대의 이야기를 두 귀로 듣되 답은 천천히 그리고 정확히 하라고 하나뿐인 거다. 한 입으로 두말하면 안 된다. 말을 줄여라. 고객은 자신이 필요한 정보만 듣고 싶어 한다.

준비가 철저히 필요한 것 역시 일관성의 연장성이다. 재료를 철저히 준비해야만 같은 비율로 음식을 만들 수 있는 것과 같다. 업무에 대해 미리미리, 보다 더 효율적인 것으로 준비했다면 자연적으로 일관성이 지켜진다. 일관성에 성실이라는 마지막 비법을 추가하는 거다. 맛난 음식이 차려지고 손님이 넘치도록 찾아온다. 손님은 이내 소문을 퍼트린다. 이 집은 진짜 맛있는 집이다, 십 년 전이나 지금이나 맛이 전혀 변하지 않았다면서 말이다.

책임은 신뢰로,
신뢰는 수입으로

한 가지만 알고 있어서는 컨설팅전문가로 일할 수가 없다. 하나만 제대로 파고들라더니 또 무슨 말이냐고? 자기 분야를 파고들되 그 분야의 하나만 알아서는 안 된다는 의미다. 이른바 분야의 멀티플레이어가 되라는 말이다. 프로 선수로 활약하되 특정 포지션을 없애라는 말이다. 전부 다 잘해야 한다. 수비도 최고, 공격도 최고여야 한다. 그게 컨설턴트로 성공하는 길이다.

어떤 사람이 투자할 수 있는 금액이 얼마인가 하는 것부터 시작이다. 일을 시작하려는 사람의 재무 구조가 가장 중요하다. 재무 구조가 정확히 마련되어 있지 않다면 사업이 온전히 성사될 리 없기 때문이다. 예를 들어, 유치원을 5억 원에 인수 가능한 곳이 있다면 5억 원의 현금 혹은 그와 동일 금액을 융통할 수 있는 기반 사항이 준비되어 있는지를 명확히 알아야 한다.

그래야 정확히 일의 성사 여부를 미뤄 짐작할 수 있고 안심하고 추진이 가능하기 때문이다. 만약 3억 원만 갖고 있거나 그와 비슷한 금액의 융통만 가능하다면 그 금액으로 투자 가능하고 운영이 가능한 곳을 연결해 줘야 한다. 이때 욕심 부려선 안 되는 이유를 명확히 제시한다. 상대가 가지고 있는 금액에 무리수를 두지 않아야 한다.

보통 투자업체들은 무리한 대출을 권한다. 그렇게 해서라도 돈을 투자하라 이르고 그 금액을 대출받는 방법까지 일러 준다. 물론 요즘 사업을 하려는 사람들이 100% 현금을 손에 쥐고 시작하는 경우는 드물다. 일정 부분 대출을 활용하는 게 현실이다. 하지만 이 역시도 상대가 처한 상황과 이후 대출금을 갚을 능력의 순환성을 고려해야 한다. 무작정 투자로 잇도록 권유하는 건 엄청난 위험이 따를 수 있다. 컨설팅전문가를 쓰는 이유는 리스크를 줄이기 위함인데 자칫 제대로 된 데이터 없이 투자를 권유하면 오히려 리스크를 형성하는 사람이 되는 것이다.

컨설팅전문가라면 어느 분야를 막론하고 시작부터 각오해야 하는 게 있는데 그건 바로 '책임'이다. 사업의 주인이 내가 아니니 수수료만 챙길 요량으로 컨설팅전문가가 되려 한다면 자격 미달이다. 나를 컨설턴트로 불렀다면 자신의 경제 상황까지 모두 드러낼 것이며, 만약 드러내지 않는다면 드러내도록 유도해야 한다. 상대는 컨설팅전문가를 믿고 의지한다.

만약 자신이 권고한 일들이 어긋나도 당황치 말아야 한다. 이럴 때 투자를 해 보려던 사람들은 뭔가 판단을 잘못한 건가 싶어 당황하게 되는데, 이때 컨설턴트가 내 책임이 아니라는 식으로 발 빼기를 한다면 신임을 얻을 수 없게 되고 일도 당연히 그르친다. 상대의 재무능력에 대해 명확히 파악하고 같은 금액으로 할 수 있는 업체나 일에 대해 전달하고 연결하되, 문제가 생기면 빨리 보완점을 찾아내 투자자가 당황하지 않도록 움직여야 한다. 의연하게 일을 처리해 주면 이후 또 다른 문제가 혹여 발생하더라도 의뢰자는 컨설턴트를 믿고 따른다.

어떤 일이든 컨설턴트로 일하다 보면 몇 가지 변수들이 발생한다. 앞서 이야기한 것처럼 전혀 예상치 못한 경우의 일들도 생기지만 비슷한 경우의 발생빈도가 높다. 한 번 발생했으니 또 생기지 않겠지 하고 단정하면 곤란하다. 발생된 문제를 어떻게라도 해결, 책임지는 자세를 보여야 한다. 이렇게 일 처리를 하다 보면 이후 같은 범주의 문제 발생 시 경험이 있어 당황하지 않고 처리할 수 있다. 문제 처리에 대해서도 노하우가 생기는 거다. 보다 더 현명한 것은 의뢰자에게 자칫 생길 수 있는 문제를 미리 전해 주는 방법이다.

"현재 이 금액으로 운영하시려고 하면 이후 이런 문제가 발생할 수 있습니다. 대출일 경우 돈이 빨리 회전되지 않을 수 있어 여유자금이 그 이상 확보되어 있지 않는다면 투자자금을 조금 줄이시고 상황에 맞는 곳을 알아보는 게 더 좋을 듯합니다. 제가 적은 금액으로 경영할 수 있는 곳에 대한 리스트를 갖고 있습니다."

대부분 투자업체들은 무작정 투자자의 지갑에서 한 푼이라도 더 꺼내 놓게 만든다. 컨설팅전문가는 어떤 분야를 막론하고 고객에게 최적의 시스템을 제공해야 한다. 일의 편리성을 만드는 사람이 컨설턴트이다. 투자를 유도하는 사람은 컨설턴트가 아니다. 나의 경우 유치원과 어린이집이라는 교육기관을 매매 혹은 인수해 생기는 득과 실에 대해 완벽히 전달한 후, 고객이 수긍했을 때만 진행한다. 아니면 시작도 하지 않는다.

다시 말하지만 의뢰자, 고객은 잘 모르거나 아예 모르기 때문에 컨설턴트를 기용한 것이다. 여기엔 일에 따른 책임 강요가 묵시적으로 존재한다는 걸 명심해야 한다. 책임감이 크면 클수록 일의 성과도 높아진다. 고객이 온전히 일에 대해 신뢰를 높이 갖고 맡기기에 성사성이 높아지는 거다. 이는 곧장 수입으로 연결된다.

오억 짜리 매매 건이나 인수 건을 온전히 수행하면 같은 금액의 일이 들어오고 이후 그 업체가 더 큰 공간으로 움직이려 할 때 다시 연락을 해 온다. 배로 큰 일이 어렵지 않게 들어오는 거다. 사람의 욕심은 끝없다. 하나의 일이 잘 풀리면 더 큰 공간에서 일을 벌여 보고 싶어 한다. 그땐 책임감을 갖고 성실히 움직여 준 컨설턴트에게 다시 연락한다. 같은 일, 같은 시간을 움직여 일을 함에도 소위 덩어리가 큰 경우 대가 역시 그 배에 이른다.

애초 책임성에 대해 당연하게 생각하고 움직이면 상대도 그 모습을 읽는다. 처음 일을 믿고 맡길 수 있는지 아닌지의 판단 기준은 컨설턴트가 얼마나 일에 대한 책임감을 갖고 있는가이다. 수수료만 챙기려는 사람과 나의 일처럼 움직이는 사람은 겉으로 곧장 표 난다.

나를 낮출수록
높아지는 인격

　사람은 상대를 볼 때 능력에 앞서 먼저 그 사람의 인격을 본다. 제아무리 뭔가 능통한 듯 보여도 목에 힘을 주고 소위 잘난 체하는 사람과는 손을 잡기 싫어한다. 이 잘난 체라는 것이 본디 자기가 할 때는 참 신난다. 그것처럼 신나는 것도 없다. 그래서 잘난 척의 습관을 버리지 못한다. 남이 해 주지 않으니 애써 자기 스스로 하는 행위인데 그 만족이 꽤나 크다. 문제는 그 만족의 범위가 자신에게만 존재한다는 서글픈 사실이다.

　엄마들이 모여 수다를 떨면 그 수다보다 테이블에 더 많이 차려지는 것이 있는데 그건 다름 아닌 자식 자랑이다. 우리 아이는 뭘 잘한다, 에서 시작되고 옆에서 예의상 살짝 추켜세우면 상대가 실로 그리 생각하는 줄 알고 이젠 남편 자랑을 잇다 자신의 자랑까지 시리즈로 내놓는다. 결국 시리즈의 결정판은 자신의 스토리인데 완성도가 대단치도 않다. 그 대단치 않은 걸 차려 놓으려고 수다를 떤다.

하지만 세상 누구도 상대의 자랑질을 즐기지 않는다. 제 자랑 잘하는 사람은 뒤에서 그 몇 배로 흉을 얻는다. 나의 능력을 보여 주는 것과 입으로 나를 추앙하는 듯한 행위는 전혀 다르다. 나는 항상 상대로 평가받고 상대로 위로받으며 상대로 답을 얻는 존재다. 내가 머리를 세우고 자신감 있는 모습을 보여야 하지만, 자랑하는 듯한 말투는 절대 금물이다. 애써 자로 재어 보지 않고 저울로 달아 보지 않더라도 진짜 잘하는 건 상대가 먼저 안다.

90도로 인사하길 주저하지 마라. 그건 내 자존심을 무너뜨리는 일이 아니다. 물론 예전처럼 고객이 무조건 갑의 위치라는 의미가 아니다. 수월한 일의 진행을 위해 수완을 발휘하라는 말이다. 상대에게 내가 90도로 인사를 하면 상대가 아래로 내려다보며 무시할 거라 생각할 수 있지만 자신을 그만큼 존중해 주기에 역으로 함께 존중하려 애쓴다.

그 이유는 상대가 자신도 할 수 있음에도 불구하고 무작정 나를 찾은 게 아니기에 더욱 그렇다. 그러므로 꼭 '내가 너보다 훨씬 더 뛰어나다'로 기선 제압을 시작할 것은 없다. 나는 당신을 위해 최선을 다할 것이라는 이미지 구현을 고개를 좀 숙이는 거다. 사람은 희한하게도 몸을 낮추는 사람의 손을 들어 주는 법이다.

일을 하다 보면 고객의 연배가 나보다 훨씬 적은 경우를 본다. 하지만 사회에서 나이는 중요치 않다. 그는 고객이고 나는 그가 의뢰한 일을 해결하는 컨설턴트다. 연배뿐만이 아니다. 규모가 제법 큰 일을 의뢰하는 고객이 있는 반면, 작은 규모의 일을 의뢰하는 고객도 있다. 그러나 큰 고객도, 작은 고객도 없다. 범위가 작은 일이 있고 단위가 큰 일이 있을 뿐, 고객은 매한가지다.

상대가 나를 가볍게 보기 시작하면 일은 결과까지 이어지기 힘들다. 혹여 겨우 그딴 것도 모르느냐는 식은 농담에 가까워도 절대 해선 안 된다. "고객님뿐 아니라 같은 업종의 다른 분들도 동일한 고민을 많이 하십니다. 흔히 겪는 고민이니 염려 마십시오."라고 답해야 한다.

이후 같은 고민을 문제없이 해결한 사례를 설명한다. 물론 말했듯 짧고 간결하게. 또한 가르치듯 하면 엄청난 결례다. 허가 절차도 모르면서 무턱대고 임대부터 한 거냐며 가르치는 듯 얘기해서는 절대 안 된다. 상대는 내게 배우러 온 게 아니라 보다 수월하게 일하려고 온 거다. 상대를 인정해 주는 센스를 발휘하자.

당연히 상대는 나보다 모른다. 그렇더라도 상대가 좋은 안목을 가졌다고 인정도 하고 좋은 인상이라 사업하기에 매우 유리할 것 같다는 서비스 멘트도 날린다. 칭찬은 고래도 춤추게 한다고 하지 않던가. 고래까지 박자를 맞추게 할 지경인 칭찬은 나이의 한계가 없다. 구순의 어르신에게 젊은 사람보다 훨씬 잘한다고 칭찬해 보라. 아이처럼 웃으며 좋아한다. 돈도 안 드는데 아낄 필요가 없다. 세상에서 가장 미련한 사람은 칭찬은 아끼고 돈은 낭비하는 사람이다.

한 배달업체 사장은 방문한 집 앞에서 이름표를 붙인다. 그리고 음식을 건네며 깊이 고개를 숙이고는 "맛있게 드시고 행복하세요." 하고 인사를 건넨다. 이후 매출이 몇 배는 늘었다. 음식과 함께 뜻밖의 인사를 받은 것인데 그도 아주 겸손한 태도로. 고객은 업체에 대한 높은 신뢰를 갖는다. 또 이름표를 가슴에 부착함으로써 음식에 대한 자부심을 표출한다. 우리 음식은 그만큼 정직하다, 로 해석한다.

이렇듯 상대와 나의 소통을 위한 첫 시작은 내가 우선 고개를 낮추는 것에서부터 시작한다. 그러면서 고객의 장점을 파악하고 추켜 주면, 고객도 은연중에 나를 높여 주며 칭찬한다.

"어쩜 그렇게 잘 아세요? 전 앞이 캄캄했거든요. 역시 전문가는 다르네요."

애써 안 해도 될 칭찬까지 보탠다. 나를 낮추고 일에 임하면 소위 밀당이 생기지 않는다. 애써 잡아당기려 하지 않아도 알아서 끌려온다. 겸손한 태도가 신뢰를 쌓는 셈이다. 나를 낮춘다는 말이 '나는 모릅니다. 할 수 없습니다.' 하는 의미가 아닌 것쯤은 잘 알 것이다. 고개를 낮추면 인격은 그만큼 높아진다.

긍정으로 시작하는
돈이 되는 하루

자신에 대한 확신보다 더 중요한 것은 없다. '이 일이 과연 성사될 수 있을까? 중간에 잘못되기라도 하면 어쩌지?' 하는 따위의 걱정을 버려라. 우리가 걱정하는 일의 90%는 실제로는 벌어지지 않는다 하지 않던가. 걱정은 또 다른 걱정을 잉태한다. 걱정하는 동안 차라리 준비한 서류를 한 번 더 살피는 것이 좋다.

외출할 때 전기나 가스 수도 등을 열어 놓고 나갔는지 헷갈릴 때가 있다. 특히 가스 불은 큰 사고를 유발할 수 있어 한순간의 실수가 큰 사고로 이어진다. 이럴 때 현관 손잡이 쪽에 전기, 가스, 물, 점검이라 크게 써 두면 훨씬 효과가 크다고 한다. 늘 나갈 때마다 점검을 습관화하다 보면 밖으로 나가려 할 때 굳이 현관문까지 가지 않더라도 자연스럽게 우선 점검하게 된다. 이 습관이 몸에 배면 집에 사고가 날 염려를 두지 않아 혹시나 하는 걱정도 하지 않는다.

컨설팅도 마찬가지, 자꾸 불안하고 부정적인 생각이 드는 건 그만큼 안정적 장치를 충분히 하지 않아서다. 수돗물을 틀어 놓고 나온 것 같고 가스 불을 껐는지 아닌지 기억나지 않는다. 비즈니스 역시 이런 건망증 증세가 있는데 이는 곧 불안증으로 나타난다. 불안하면 떨리기 마련이고 떨리면 떨어트린다. 긍정적 사고가 필요한 이유다. 그간 열심히 준비해 왔다면 잘할 수 있다고 여기라는 거다.

나는 충분히 잘할 수 있다고 스스로에게 후한 점수를 주자. 자만은 독이지만 자신감은 득이다. 긍정의 사고를 갖고 있는 사람과 부정의 사고를 가진 사람은 표정만 봐도 다르다. 고객도 어렵지 않게 표정을 읽는다는 사실을 잊어서는 안 된다. 우리도 누군가와 이야기를 나누며 상대가 평소 긍정의 성격인지 다소 부정적 성격인지 얼핏 파악되지 않던가.

오늘 나는 어제보다 하루만큼의 노하우가 쌓였고 한 달 전보다는 무려 한 달만큼의 기술이 늘었다. 나를 지탱하는 에너지는 긍정이라는 힘에서 나온다. 내가 오늘 걱정스러운 이유는 준비가 미비해서다. 미흡한 준비를 하고 어쩌나 걱정한다. 공부를 대충하고 시험 당일 어쩌나 하는 꼴, 긍정의 사고를 가지려면 준비를 철저히 하는 수밖에 없다. 열심히 공부했으면 시험이 크게 걱정될 리 없다.

너무 염려할 것 없다. 당신은 생각보다 훌륭하다. 위대하거나 특별하지는 않으나 준비한 일조차 엉성히 처리할 만큼 어리석지 않다. 거울을 보며 '넌 잘할 수 있어!' 하고 외치는 게 촌스럽다고? 아니다. 이미 그런 유치한 모습으로라도 스스로를 긍정하려 했다면 오늘 하루는 더 긍정이 된다. 원래 하루라는 게 그렇다. 아침에 우울하면 내내 진전이 더디다.

잠들기 전, 오늘 긍정했으므로 얻은 성과를 살펴보자. 득이 꽤나 된다. 고로 긍정은 '돈'이다. 오늘 긍정으로 얻은 만큼 이후 '돈'이 축적된다. 자본 한 푼 없이 수백 배로 버는 게 '칭찬과 긍정'이라고 한다. 자, 하루를 시작하는 지금 거울을 보며 스스로에게 힘내자고 말해 보자. 그러자면 제법 쑥스럽다. 그런데, 재미있는 사실은 '그래서 된다'는 점이다. 쑥스러운데 우는 사람은 없다. 쑥스러워야 웃는다. 그렇게 웃으며 시작하는 하루를 돈이 되는 하루로 만들어 보자.

밑바닥에서 켜 올린
기회라는 손전등

내가 어린이집으로 교재를 팔 작정으로 영업을 들어갔다 유치원과 어린이집 전문 컨설턴트가 된 건 참으로 예상치 못한 일이다. 자신의 운명은 미리 알 수 없어 두렵지만 그래서 살아 볼 가치가 있다. 뭔가 일이 안 풀리거나 하던 일이 망한다 해도 무작정 좌절은 금물, 내가 바닥으로 가더라도 그곳으로 가게 된 운명이 있을지 모른다.

몇 년 전 그야말로 예상치 못한 일로 곤혹을 치른 경우를 본 적이 있다. 간접적으로 보면, 본인에게도 실수가 크다. 그는 어린이집을 운영하던 원장이다. 늘 문제없이 어린이집은 운영되었고 그도 스스로 원장의 자리에서 임무에 충실했다. 자부심도 컸다. 그런데 예상치 못한 일이 생긴다. 자신 앞에서는 절대 그러지 않는 교사들이 자신도 모르는 사이 뒤에서는 아이들을 학대하는 일이 발생한 것. 늘 생글생글 웃는 얼굴로 자신과 학부모들을 대하던 교사들이 다른 일도 아닌 아동학대라니, 절대 있어서는 안 되는 일이 자신의 영역에서 벌어진 거다.

이제 어린이집 운영은 고사하고 자신의 인생 필모그래피에 엄청난 흉터가 생기는 거다. 그 염려와 걱정은 곧장 고스란히 현실로 나타난다. 검찰에서 어린이집 아동학대 사건으로 그를 조사하기에 이른 것, 그는 숱한 조사를 받고 끔찍한 시간을 견뎌낸다. 그 긴 시간 그 많은 조사에 임하는 동안 몸은 지쳐만 간다. 아니, 몸보다 마음에 너무도 큰 상처가 생겨 견딜 수 없다. 매일 아프게 콕콕 찌른다. 수많은 질타가 이어지고 비아냥거림이 들려온다. 몰랐을지라도 감시하지 못한 막중한 책임감에 대한 벌이다.

늘 TV에서만 듣던 검찰조사라는 걸 받게 되고 그는 어느 순간부터 어린이집의 경영에 회의를 느낀다. 올라서는 게 얼마나 어려운데 바닥으로 추락하는 건 이리 한순간이라니, 바람 빠진 풍선처럼 맥이 빠진다. 어린이집의 간판만 봐도 넌덜머리가 난다. 왜 다른 곳까지 세밀치 못했을까 하는 후회는 이미 늦다. 본디 후회는 뭐든 늦어 버린 다음이다. 후회처럼 얄미운 존재도 없다.

그렇게 좌절의 구렁텅이로 빠지게 되고 그 구렁텅이에서 겨우 나온다. 바닥의 구석에 쪼그리고 앉아 있는 자신을 발견한다.

원래의 자리로 가고 싶지 않지만 지금 바닥의 자리가 편할 리도 없다. 어찌해야 하나 이대로 인생이 끝나는가 싶던 그때, 그에게 생각지도 못한 일이 생긴다. 인생 역시 죽은 게 아니면 끝난 게 아니다. 바닥으로 떨어져 어디로 갈지 모를 순간에 들려온 제안, 반전의 반전이 바로 이런 것일 테다.

안전 예방을 위한 강의를 한번 해 보면 어떻겠느냐는 제안을 받기에 이른다. 이미 예방이 미흡해 실 사례를 겪었던 당사자이니만큼 더 현실성 있는 강연자가 될 수 있다는 생각에 그에게 강의를 부탁한 거다. 그는 그간 자신이 미처 준비하지 않아 발생했던 일들에 대해 수없이 반성해 왔다. 이전에 예방교육을 실시만 했더라도 불미스러운 일은 겪지 않았을 거라 터득했지만 이미 늦은 상황이다. 무작정 소화기를 사용하는 것보다 화재를 직접 경험한 사람의 사례로 강연자를 찾던 중 그를 세우려 한 거다.

자신의 실수를 인정하고 앞으로 다시는 어린이집에서 그런 일이 발생해선 안 된다 깊이 인지한 그는 몸소 깨달은 바를 토대로 강단에 서기 시작한다. 결과는 놀랍다. 많은 사람들이 그의 강연에 공감했고 이후 수많은 곳에서 예방 교육을 위한 강연 의뢰가 쇄도한다. 단순히 어린이집이나 유치원에 그치는 것이 아니다. 소방관과 경찰 교육까지 폭을 넓히며 강연자로 나선다. 수많은 강연자로 나서며 그의 인생은 전혀 예상치 못했던 일로 터닝 포인트를 맞는다.

이렇듯 누구나 살다 보면 예상치 못한 일과 마주한다. 고통의 무게가 어깨를 짓누르고 그 무게를 감당치 못해 결국 바닥으로 내려앉는다. 나의 실수로도, 잘못으로도 혹은 가족이나 가까운 사람들로부터 발생한 일들로, 온갖 거리들로 그리 될수 있다. 그가 직접 아이들에게 아동학대를 하지 않았을지라도 스스로 책임져야 했던 것처럼 세상엔 직간접적으로 닥치는 일들이 많다.

그러다 바닥이라는 딱딱하고 음습한 곳에 내려앉게 되면 절망이라는 수순을 당연히 떠올린다. 더는 갈 곳이 없다고 생각할수 있지만 더는 떨어질 곳이 없는 지상 최대의 안전지대일 수도 있다. 뭔가 생각한 만큼 일이 풀리지 않아 고통스러운가. 지금 있는 곳이 가장 밑바닥이라서 절망뿐인가. 괜찮다. 내가 더는 떨어질 곳이 없다는 의미다.

하루 종일 굶어 보라. 그 어마어마했던 일들보다 당장 밥 한 끼가 더 절실하다. 라면으로라도 끼니를 채우고 나면 당장 살 것 같다. 내가 아직 살아 있고, 살아갈 이유가 있다는 얘기다. 아니, 나는 더 살고 싶은 거다. 내가 왜 살아야 하는지 배고픔으로 알려 준 거다.

바닥의 기준이 제각각일 테지만 혹여 내가 바닥으로 떨어졌다고 좌절하지 말자. 사방을 둘러보면 이전의 위치에서는 보지 못했던 무수한 일들이 더 잘 보일 수 있다. 바다에 들어가야 살아 있는 물고기를 볼 수 있지 않은가. 수족관을 만들 생각을 맨 처음의 누군가는 그 바다를 밖으로 곧장 옮길 생각을 했기에 가능했으리라.

어느 곳에 있든 손전등을 켜라. 한쪽만 비추지 말고 사방으로 위치를 옮겨라. 전에는 보이지 않던, 전에는 알 수 없었던 수많은 것들이 놓여 있다. 남이 하찮게 보는 것들이 나의 기회가 되고 미래가 될 수 있다.

'기회'라는 기생물은 신기하게도 어느 곳에서나 생존하는 능력을 갖고 있다. 신은 인간에게 호흡을 통해 숨을 쉬게 한 다음, 기회라는 선물을 집어넣었을 것이다. 멍청하게 끝이라 여기면 기회는 안에서 함께 죽는다. 차라리 시작이라 여기며 다시 호흡하는 순간 밖으로 토해져 나온다. 그리고 동행하며 기생한다. 기회는 널려 있는데 모두 건드리지 않으니 숨을 안 쉬는 척, 죽은 척한다. 살짝만 건드려도 깨어나 폴짝 뛰어올라 제구실을 한다. 그게 바로 기회인데 우리는 걸핏하면 좌절 따위라는 멍에의 발로 뻥 걷어차 버린다.

나는 못나지 않았다. 특별하지 않지만 어리석지 않다. 오늘 하루만 굶어 보자. 배가 고프다면 아직 살아야 할, 살아서 뭔가 해야 할 필요가 있다. 걱정 마라. 바닥으로 떨어져도 기회는 있다. 바닥에서 재능을 발견해 보자. 기회라는 손전등을 켜라. 최소 한 치 앞은 보인다. 무엇이 보이든 겁내지 말고 잡아라. 이제 그건 나의 것일 테니!

일의 확장으로 연결되는
시간 약속의 힘

우리나라 사람들의 습관 중 제일 나쁘게 버릇된 것이 바로 시간 약속이다. 이제 겨우 출발하면서 마치 약속 장소에 거의 다 온 것처럼 뻔뻔스럽게 답도 잘한다. '어, 거의 다 왔어. 어, 이제 곧.' 하는 식, 왜 그런 거짓말이 능숙해진 걸까. 하도 속아 그게 빤한 거짓말이라는 것쯤은 다 알아들을 지경이다.

말 많은 사람이 상대 말 많은 걸 듣기 싫어하듯, 시간에 잘 늦는 사람이라도 상대가 늦는 건 어지간히도 못 견딘다. 급할 게 전혀 없는데도 그렇다. 내가 시간 약속 어기는 걸 아무렇지도 않게 여기면서 중국집에 가면 자장면 빨리 달라며 조른다. 끓지도 않은 면발을 무슨 재주로 그리 빨리 내놓으라는 건지, 내 더딘 건 생각하지 못하고 자장면 면발 늦게 익는 건 죽어도 못 기다리는 웃긴 심보다.

컨설턴트의 일은 현장성이 99%다. 시간 약속이 다반사로 이뤄지는 만큼 시간 약속이 잡혔다면 시간에 반드시 도착하는 습관을 길러야 한다. 습관이 문제다. 무엇이든 버릇이 되고 나면 안 하는 게 이상해진다. 나쁜 버릇은 빨리 고치는 게 좋다. 설거지를 말끔히 해 놓아야만 잠을 잘 수 있도록 습관이 된 사람은 싱크대에 닦지 않은 그릇을 절대 채우지 않는다. 애초 그럴 수가 없다. 습관처럼 무서운 게 없다.

습관은 마치 병과도 같아서 잘 안 고쳐진다. 그래서 처음 맛들인 대로 몸이 작동하는 거다. 나의 몸은 늘 약속 시간에 삼십 분이나 한 시간쯤 늦는 것으로 인식되어 있다. 그러면 그보다 절대 빨리 작동하려 하지 않는다. 반대로 늘 시간보다 일찍 준비하고 상대와 시간 지키는 걸 습관화했으면 몸도 그리 반응한다. 오랜 습관이라도 반드시 고쳐야 한다. 나쁜 버릇은, 80이 아니라 이제 88세까지 간다. 백세시대라서 어느새 부가세월이란 게 붙었다.

시간을 금이라 칭한다. 서둘러 좋을 것 역시 없다. 그러나 약속의 경우는 다르다. 여유를 갖는 사람의 평정심과 시간 약속의 불이행을 같은 노선으로 봐서는 안 된다. 위험한 비교다. 늘 여유 있어 보이는 사람일수록 오히려 시간 약속만큼은 칼같이 지킨다. 정확히 지키니 더 여유로운 거다. 늦는 게 습관인 사람은 여유가 아니라 그저 게으른 거다. 실상 늘 늦다 보니 시간 속에 여유라는 공간이 자리 잡을 틈이 없어 늘 초조하고 불안해한다.

늘 삼십 분이면 도착하던 곳이라도 약속이 잡혔다면 최소 사오십 분 전에 일어나 출발하라. 출퇴근 시간이라면 그도 늦다. 게다가 생각지 못한 변수들로 인해 서둘렀음에도 겨우 도착할 수 있다. 약속이 있는 날은 장소 주변에 어떠한 사건이나 사고가 있었는지 미리 체크하는 습관도 길러야 한다. 혹시라도 제시간에 그 일로 도착하지 못할 수도 있다.

시간에 맞춰 도착하는 걸 열 번만 꾸준히 실행해 보라. 나도 모르는 새 몸이 습득해 움직인다. '나는 원래 그래.' 하고 합리화하는 일들이 너무 많다. 오늘부터 하나씩 점검해 보라. 원래 늦어도 되는 사람은 없다. 어느 등본에도 그렇게 기록되어 있는 사람은 없다. 늘 그쯤, 하고 안심한다. '어디 나만 그래?'는 더욱 무서운 비교다. 남이 자꾸 시간에 늦어 보기 안 좋았다면 내가 늦을 때도 상대 역시 마찬가지다. 이 빤한 진리를 왜 부정하는 걸까.

혹시 지금 약속 장소에 가며 "한 시간쯤 늦을 것 같은데요." 하고 말하고 있지 않은가. 상대가 괜찮다 답했을 수 있다. '그래, 한 번쯤 그러려니' 하다 그 버릇이 두세 번에 이르면 '그래도' 하다 여섯 번이 넘고 열 번에 이르면 '그래서? 당신과는 일 안 해!'가 된다는 사실을 절대 잊지 마라.

시간을 지키면 신뢰를 얻게 되고 신뢰는 일의 확장성으로 연결되며 일의 확장성은 가치를 이루고 가치는 결국 돈으로 환산된다. 시간이 곧 금이라는 걸 증명하는 셈이다. 약속이 잡히면 알람 시간을 맞춰라. 알람 시간을 미리 맞추어 두는 게 불편한가. 아니면 약속 시간에 또 늦어 가며 전화를 하는 게 불편한가. 판단은 그대의 몫이다.

Money making secrets

컨설팅여지도 인맥내비

상대방의 상황과 여건 등을 고려해 인맥지도를 만든
다. 내가 보는 그가 아니라 그가 보는 나를 중심으로
그리는 거다. 그리고 지도의 방향대로 그를 찾아가 보
자. 전보다 조금 빨리 도착한 나를 발견할 수 있을 것
이다. 이제 염려치 말고 고객의 문을 두드려라. 곧 문
이 열리고 상대는 웃으며 반길 것이다.

첫 손님에게
더 완벽해야 하는 이유

첫 손님은 그저 처음이라 좋은 게 아니다. 그가 처음 내게 돈을 벌 기회를 줄 수 있어 무작정 반기는 건 더욱 아니다. 처음 손님은 가장 큰 손님이기 때문이다. 처음 찾아오는 의뢰자가 어떤 규모의 일을 갖고 찾아오는 줄 알고 가장 큰 손님이라 호언장담하는 거냐고? 돗자리도 깔지 않고서 점쟁이 흉내라도 내려는 거냐고 물을 것 같다. 첫 손님, 첫 고객이 수억 원, 십억 혹은 그 이상 범위를 들고 찾아와 큰 손님이라는 게 아니다. 어떤 규모를 갖고 첫 손님이 오는지 알 수 있다면 진짜로 돗자리 깐다.

앞서도 얘기했지만 나쁜 소문은 날개를 단 것처럼 빨리 그리고 멀리 날아간다. 집 안에서조차도 그렇지 않은가. 칭찬할 건 내버려 두고 꼭 나쁜 소문을 들먹이며 '야, 너 정말 그런 거야?'

하고 야단부터 친다. 그에 반해 본디 좋은 소문은 질량이 무거운 법이다. 그래서 타인의 귀에 들어가기까지 오래 걸린다. 때로는 아예 출발을 못 해 타인은 알지도 못하는 경우도 있다.

그런데 이놈의 나쁜 소문이라는 바이러스는 얼마나 가볍고 친화력이 높은지 금세 이동 경로를 파악하고 이곳저곳으로 자신을 전이시킨다. 재주도 좋지, 순식간에 퍼진 악소문은 덩어리를 키우고 이를 기정사실화한다. 변명할 기회도 확보할 틈도 허락지 않는다. 좋은 얘기가 여덟 사람에게 이동하는 동안 나쁜 얘기는 스물네 명에게 퍼진다고 한다. 나쁜 소문의 바이러스가 세 배는 더 빠른 거다. KTX도 절대 따라잡지 못한다.

"세상에, 전문가라기에 불렀더니만 아는 건 쥐꼬리보다 못하더라고."

"그거 죄다 인터넷 찾아보면 다 나오는 정도던데 그게 무슨 전문가야? 세금 문제를 물었더니 깜깜하더라니까?"

실상 그만큼이 아니었음에도 나쁜 소문은 덩어리를 금세 키운다. 나쁜 소문은 다이어트 따위는 하지 않는다. 덩치가 커질수록 쾌재를 부른다. 첫 고객에게 지식의 부족을 들키면, 예의를 지키지 않으면, 온전히 마무리를 하지 못하면, 멍청한 사람, 다시는 함께 일할 수 없는 사람, 신용 제로인 사람으로 낙인찍힌다. 소문은 삽시간에 퍼져 나간다. 그 소문은 쓰나미보다 파급력이 커 이후 사람들은 일단 피하고 본다.

처음 고객은 이후의 손님을 연결할 수 있는 엄청난 수완자다. 고객을 통해 다른 고객을 보장받는 것이다. 맛이 없다고 소문난 집엔 손님이 가지 않는다. 실은 그다지 맛이 떨어지는 것도 아닌데 사람들은 이용해 보지도 않고 이미 이용한 사람들의 말을 듣는다. 남 말 지겹도록 잘 안 듣는 사람들도 그런 말은 용케 잘도 듣는다. 아니, 믿는다. 나는 같은 실수를 하기 싫어 경험자의 말을 신뢰한다. 제 손해 보는 짓은 절대 하지 않겠다는 신념이다. 그 신념이 컨설턴트의 앞길을 막을 수 있다는 말이다.

반대로 한 번도 가 본 적 없는데도 사람들은 좋은 소문이 나면 가 보고 싶은 욕구가 솟아오른다. 희한도 하지, 아홉 가지 잘한 건 밖에서 얘기 안 한다. 한 가지 실수한 건 오히려 나머지 아홉 가지 잘한 일을 뒤엎으면서까지 불어난다. 게다가 고객은 내 생각만큼 후하게 점수를 주지 않는다. 스스로 90점을 줬다면 고객의 마음엔 80점 이하일 확률이 높다.

첫 손님에게 더 완벽해야 하는 이유다. 첫 손님이 '나'를 어떻게 보고 어떻게 평가해 주느냐에 따라서 컨설팅전문가로서의 운명이 달라진다. 그러나 여러 번 강조하건대 무작정 겁먹을 필요 없다. 좋게 소문이 나는 방법을 제대로 공부하면 된다. 나쁘게 소문나는 이유는 제대로 공부하지 않아서다. 첫 손님의 일을 능수능란하게 다뤘다면 좋은 소문이 날 것이다. 나쁜 소문보다 더딜지 모르지만 이후 시너지는 훨씬 더 크다. 나쁜 소문은 뒤로 잡아당기지만 좋은 소문은 앞으로만 잡아당기는 재주가 있다. 결국 목적한 곳에 갈 수 있게 된다.

처음 손님과 마주 앉게 되었는가. 절대 긴장할 것 없다. 나는 이미 많은 준비를 해 왔고 집약적으로 설명할 수 있다. 말은 짧게 하면서도 전달은 충분히 할 수 있다. 예상치 못한 질문에도 당황치 않고 답할 수 있다. 그럼 됐다. 상대와 눈을 마주하고 친절한 표정으로 답하라. 상대는 내게서 좋은 점을 발견하기 시작한다. 아, 나의 첫 손님, 고객이다!

크기는 달라도
고객은 다르지 않다

영업만 하던 당시, 20㎞를 직접 방문해 천 원짜리 교재를 판매한 적이 있다. 언뜻 생각하면 '겨우?' 하고 물을지 모르지만 그곳에서 차츰 범위를 넓혀 주었다. 이후 그곳에서 여러 번 재구매해 주었다. 만일 그때 '거길 뭐 하러 가? 겨우 그 작은 돈을 벌려고…….'라 생각했더라면, 이렇게 계속해서 이어질 거래를 놓쳤을 거다.

큰 일이 계속해 들어오면 얼마나 좋으랴. 하지만 규모가 큰 일만 들어오는 게 아니다. 그럴 때 '이런 일은 너무 규모가 작아.'라는 생각에 하지 않겠다고 하면 안 된다. 작은 불꽃이 큰 불이 될 수 있다. 실제로 20㎞를 방문, 겨우 천 원짜리를 팔았지만 이후 고객의 연결로 인해 많은 거래처를 확보할 수 있었다. 또한 자신의 영역을 자꾸 넓히려는 욕심이 큰 고객의 마음을 미리 헤아리고 일하라. 이 작은 크기가 이후 얼마큼의 영역으로 확장될지는 누구도 모르니 절대 실망하지 마라.

우리가 마트에 갔을 때 천 원짜리를 사더라도 사장이 친절하면 다시 찾아가지만 그 반대로 만 원짜리를 샀는데도 불친절하면 다시는 가지 않는다. 그는 불친절한 태도로 다시 찾아올 고객을 잃은 거다. 우리가 값싼 물건을 산다고 해서 마트 사장이 불친절해도 된다고 여기지 않는 것처럼, 고객 또한 자신이 의뢰하는 범위가 작으니 불친절해도 된다거나 대충 해도 된다고 여기지 않는다.

작은 규모의 일을 하게 되면 상대는 규모가 작고 지불하는 액수도 그만큼 적으니 아무 말 안 할 것 같지만, 이상하게 그와는 정반대다. 표정을 보면 하고 싶은 말이 많다. 하지만 규모가 작다 보니 말을 하기 어려워하고 곤란해한다. 먼저 읽고 다가가 물으면 고객은 목마를 때 우물을 찾은 것처럼 기뻐한다. 작은 범주의 일이라도 소중하게 생각하고 접근해야 하는 이유다.

이와는 반대로, 큰 거래처의 일은 범위가 크면 상대적으로 요구하는 것이 의외로 적다. 범위가 크다 보니 그 안에서 오히려 편하고 수월하게 해결될 것들이 많다. 큰 거래의 경우 큰 그림이 우선이라 작은 그림은 상대적으로 뒤로 두기에 그렇다. 그렇다고 큰 거래의 경우 작은 일은 소홀히 하라는 말이 아니니 오해

하지 마시라.

어린이집과 유치원 컨설턴트를 하면서 작은 일을 마무리하면 더는 할 게 없으니 끝이라 생각하지 않았다. 혹시 더 요구 사항이 있는데 말하지 못한 건 없는지, 먼저 다가가 서비스를 제안한다. 이를테면 학예회 발표회나 어린이 차량의 운전, 하다못해 어린이집 수족관 청소에 이르기까지. 속으로는 생각했을 테지만 작은 거래라 생각해 말하지 못한 걸 미리 꺼낸 거다. 그럴 경우 고객은 더 신뢰하고 이후 큰 범주의 일에도 반드시 찾는다.

우리가 값싼 물건을 구매해 오는데도 사장이 친절하면 이후 좀 비싼 물건이라도 그 집으로 발길을 옮기는 것과 같은 이치다. 다른 집보다 살짝 비싸도 그리로 간다. 당장 내게 살짝 부담이 되어도 크게 여기지 않는 거다. 돈을 좀 더 지불하고 친절을 즐기는 거다. 이렇듯 규모가 작은 일도 반복적으로 움직이면 그 수익을 무시하지 못한다. 큰 일 한 번 하면 될 일을 두 번 연속해야 할지 모르지만 한 달 후 수입을 계산했을 땐 마찬가지다.

음식 장사를 하는 사람 중에 일부러 값을 왕창 내리고 더 많이 파는 전략을 쓰기도 한다. 그렇다고 어디 손님을 소홀히 하느냐 말이다. 잊지 말자. 일의 크기는 다를지 모르지만 고객은 누구도 다르지 않다는 사실을……

컨설팅의 골든타임,
고객을 구축하라

드라마 〈골든타임〉이 오래전 히트를 치면서 이후 '골든타임'이라는 단어를 사람들이 자주 활용한다. 이참에 나도 한번 써 보련다. 이제는 골든타임의 중요성을 설명하자면 잔소리다. 초등학생도 그 중요성을 다 안다. 골든타임의 순간을 놓치지 않으면 한 사람의 생명이 온전할 수 있다. 엄청난 순간이다.

컨설팅에도 나름대로의 골든타임이 적용된다. 어디든 첫 안면을 트고 일이 잘 성사되면 새로운 거래자가 되는데 이때의 골든타임을 대략 2개월로 본다. 일을 진행해 보면 그 유효 기간이 대략 2개월 정도라는 걸 알게 된다. 거래가 일어나고 일이 온전히 마무리되는 데 걸리는 시간이다. 이는 상황과 여건에 따라 다르다. 복잡한 문제는 오래 걸리기 마련이고 단순한 일은 당연히 좀 더 빠르다.

좋은 결과로 일이 마무리되면 소개를 유도하도록 해야 한다. 그것도 재주다. 이미 자연스러워진 관계이므로 계면쩍을 이유가 없다. 이때의 유효 기간이 컨설팅의 골든타임, 이 두 달 안에 소개를 유도하는 것이 가장 유리하게 이후 작동된다. 이 기간에 다른 업체와 소개 유도가 이뤄지면 일이 성사될 확률이 매우 높다. 그래서 골든타임이라고 지칭한 거다.

비즈니스의 관계는 인맥 형성이다. 거미줄처럼 촘촘한 인맥을 형성하려면 첫 거래가 이뤄진 후 소개의 유도 기간이 길면 안 된다. 그 기간이 대략 두 달이다. 좋은 결과로 이어지면 자연스럽게 인맥이 형성되지만, 은연중 소개를 유도해 보는 것도 좋은 방법이다. 동종업체를 이끌어 가는 사람들끼리는 서로 교류의 영역이 있다. 예를 들어 카톡 대화방 등에서 같은 고민을 하는 사람들을 소개하도록 유도하는 거다. 온라인망이 형성되지 못했을 때 누군가를 소개받기까지 오랜 시간이 필요했다. 스마트폰이 없던 시절도 지금보다는 훨씬 복잡하고 오래 걸렸다. 지금은 일 초면 모든 내용을 전달할 수 있는 세상이다. 특히 요즘은 카톡 등 소통하는 방법이 다양해 아주 편하다. 컨설턴트의 전성시대가 오히려 지금인 셈이다. 앞으로는 더욱 편리해질 것이다.

일이 잘 마무리되었다면 고객은 만족하는 차원에서라도 입소문을 낸다. 특히 우리나라 사람들은 "어, 내가 누구 잘 알아. 소개시켜 줄까?" 하며 자신이 이미 구축한 전문 인프라를 소개하는 걸 즐긴다. 전문가를 지인에게 소개해 또 다른 성과를 내면 그 사람은 컨설턴트에게 감사를 받는 것은 물론이거니와 자신이 소개한 동종업계의 사람에게 칭송을 듣기 때문이다. 나로 인해 양쪽 모두 혜택을 준 듯해 자부심을 한껏 느낀다. 이 습관을 적절히 활용하는 것이다.

고객이 내게 흡족한 결과를 얻었다면 가까운 지인들은 소개해 달라는 말에도 머뭇하지 않는다. 오히려 먼저 수첩을 열고 비슷한 문제를 안고 있는 지인을 찾아본다. 그것은 허세와는 전혀 다른 색이다. 내가 만족했으니 뭔가 보너스를 주는 차원쯤으로 여기면 되겠다. 그 보너스를 적절히 활용하라는 거다. 그런데 만약 이 기간으로 두 달 이상을 두면 힘들어질 수 있다. 경험상 그러하다. 사람들은 생각보다 쉽게 그리고 빨리 잊는다. 그래서 컨설팅 네트워크 형성의 골든타임을 두 달로 보는 거다. 두 달이라는 기간은 언뜻 생각하면 짧은 것 같지만 1년으로 볼 땐 무려 6분의 1에 해당한다. 결코 짧은 기간이 아니다. 이 골든타임 기간 동안 자연스럽게 새로운 고객을 끌어들인다.

특별한 장치가 필요 없다. 어차피 데이터가 구축되어 있지 않은가. 나의 고객 수첩에 미래 고객 데이터가 가득하다. 본디 사람의 형성처럼 어려운 게 없지만 반대로 사람 간의 구조처럼 단순한 것도 없다. 컨설턴트를 통해 사업을 시작하거나 영역을 확장한 사람들은 시작과 동시 많은 사람들과 교류된다.

컨설턴트는 고객과 끈끈한 친밀도를 유지한다. 아, 물론 두 달 이후로도 밀접한 관계는 기본, 두 달 이후도 무조건 불가능한 것은 아니지만 컨설턴트와의 긴밀도가 가장 큰 시기가 바로 이때다. 이 두 달의 유효 기간 동안 다른 인맥의 형성이 이뤄져 일을 진행하고 이후 그 고객을 통해 또 다른 인맥구조를 만든다. 일이 진행될수록 컨설턴트의 실력이 쌓이고 보다 더 능숙해지며 신뢰도 그만큼 쌓인다. 판을 벌이려는 사람이 많을수록 컨설턴트는 득이다. 그러므로 인맥 형성은 정말 중요하다. 나의 재주, 나의 기술과 정보를 구매해 줄 고객이 늘어나는 거다. 타 분야의 사람들이 나를 많이 알고 있다고 해도 도움은 크지 않다. 내가 컨설턴트하고 있는 분야의 사람들만 형성되면 된다. 옆 집, 옆 마을을 기웃거릴 필요도 없으며 그럴 시간도 없다.

이렇게 고객이 형성되면 스스로 데이터를 만든다. 이른바 고객 관리 데이터다. 이제 고객 관리를 시작한다. 고객들은 모두 성장하려는 목표를 가지고 있다. 그래서 한 번 고객은 영원한 고객이다. 영역 성장 욕구는 사업가라면 누구나 갖는 포부다. 이 확장성의 욕구를 잘 활용하는 것이다. 아직 끝난 게임이 아니다. 컨설팅은 늘 마무리와 새로운 시작이 연결된다. 그렇게 만들어야 능력자다. 어렵지 않다.

잊지 말자. 두 달, 컨설팅의 골든타임!

내게 주어진 모든 일은
온전히 '나의 일'

컨설턴트가 자칫 잘못 판단하는 것이 하나 있다. 그것은 바로 고객의 일을 소위 '너의 일'로 여기는 것, 너의 일에 내가 관여해 문제를 해결한다고 여긴다. 그러나 고객이 자신의 일을 나에게 잠시 조금 떼어 준 것이 아니다. 그 일은 온전히 '나의 일'이 된다. 이것은 모두 '나의 일'이란 생각으로 움직여야 한다. 그래야 일이 즐겁다.

'너의 일'을 내가 해 주는 것이 되다 보면, 자칫 진행이 더뎌질 때 지치기 마련이다. 그래서 남의 일을 내가 잠깐 맡는다고 여기지 말고 모두를 움직인다고 여기라는 거다. 무엇이든 나의 일이 되면 꼭 해결해야 한다는 의지가 강해진다. 그리고 보다 더 심층적으로 분석한다.

매매를 위해 움직인다면 나의 건물을 판다는 생각으로 뛰어야한다. '너의 건물을 내가 대신 팔아 줄게'가 되면 안 된다. 순간 건물은 온전히 나의 것이라서 최대한 좋은 조건으로 팔아야 한다. 잘해야만 하는 목적과 이유가 형성된다. 법적인 문제를 움직일 때도 도와준다는 개념이 아니라 당장 내게 닥친 문제로 여겨야 한다. 최상의 조건으로 매매나 임대를 성사시킬 수 있어야하고 보다 더 많은 사람들이 활용하도록 가치로 만들어야 한다.

이처럼 '너의 일'이 아닌 '나의 일'이 되면 높은 성과가 나타난다. 이는 곧장 수입으로 연결된다. 높은 단위의 성과를 이룬 만큼 컨설턴트 역시 높은 수수료를 받는다. 컨설턴트의 진정성은 돈, 즉 수입이다. 수입을 목표해 진정으로 일하는 게 아니라 '나의 일'로 여기고 진정성을 다하면 수입은 알아서 따라온다.

직장인들의 보람치가 적은 이유 중 하나는 '내가 이토록 열심을 내야 하는지 모르겠다.'는 마음가짐에서 생긴다. 자신이 앉은 부서에서 어떤 성과를 내면 희열을 느끼기는 하지만 피부에 와 닿는 만족이 크지 않다. 무엇으로, 어떤 것으로 만족을 해야하는지 찾아봐야 할 지경이다. 이유인즉, 높은 성과로 즐거운 건 나보다 회사이기 때문이다.

수십억 원의 성과를 올리면 약간의 보너스가 지급될 수는 있지만, 평소 없던 비싼 회식자리가 만들어질 수는 있지만, 진급되는 데 약간 도움이 될지는 모르지만, 한껏 피부로 느끼기는 어렵다. 오히려 왠지 모르게 '나의 일'이 '너의 일', 즉 '회사의 일'이 되어 버리고 '나의 득'을 '회사의 득'으로 바꿔 버린 듯한 생각까지 든다. 괜히 뭔가 빼앗긴 것 같다.

나는 회사라는 이름을 위해 달리는 자동차 바퀴다. 운전대를 잡은 회사가 속도를 높이면 온힘을 다해 달린다. 죽도록 달려 누구보다 빠르게 도착했지만 정작 좋아하는 건 내가 아닌 운전자다. 결론에 이르면 칭찬도 모두 운전자 몫이다. 사표를 내는 순간 나와는 남남이다. 회사는 새로운 바퀴로 곧장 갈아치우고 또다시 속도를 낸다. 그런데도 사람들은 또다시 어디 들어가 박힐 자동차가 없는지 찾아 헤맨다. '나'라는 타이어를 소비해 줄 곳을 찾아 헤매는 거다.

컨설팅 개인 전문가는 하는 만큼 수익을 자신이 가져간다. 회사 직원처럼 보너스도 없고 회식도 없다. 하지만 그 못지않은 인맥 형성이 있어 외롭지 않다. 직속상사를 모실 일이 없으니 스트레스도 없다. 말 안 듣든 직원도 없으니 두루 좋다. 게다가 보너스와는 비교 불가한 큰 수익도 있다. 어떤 때에는 이게 정말 내가 한 달 동안 번 돈이 맞나 싶을 만큼 번다.

오늘도 회사라는 자동차의 타이어가 되어 시동 거는 대로 움직이고 있지 않은가. 좀 더 좋은 기능의 타이어가 되기 위해 기 쓰고 날을 새우는가. 회사는 '너의 일'을 '나의 일'로 여겨지도록 장치를 둔다. 하지만 회사를 떠나서 제삼자의 눈으로 보면 그 교묘함에 치가 떨린다. 회사라는 공간은 절묘하지 않다. 그저 교묘할 뿐이다. 원래 세상이라는 게 절묘한 곳보다 교묘한 곳이 더 많다. 절묘함엔 탄성이 나고 교묘함엔 탄식이 나오는 법이다. 직장이라는 굴레가 탄식의 온상지가 되는 이유다.

그걸 안다면 사표를 쓰고 당당히 걸어 나올 수 있는 것이고, 그 이유를 내내 모른다면 시동 거는 대로 최대한 빨리 달리며 헉헉거리는 거다. "나는 당신에게 평생 충성하는 타이어가 되겠습니다. 어서 시동을 걸어 주십시오." 하면서 말이다. 물론 회사의 일도 나의 일처럼 여기고 열심히 하면 좋다. 하지만 성과가 나왔을 때 여겨지는 모를 허탈함, 아마 잘 알고 있을 것이다.

컨설턴트는 일이 맡겨지는 순간 '나'를 주도하여 움직이기 시작한다. 즉 '나의 일'이 된다. 운전대를 잡은 사람이 곧장 '나'다. 내가 얼마나 속도를 조절해 달리느냐, 또 얼마나 능숙하게 달리느냐에 따라 도착하는 시간이 달라진다. 무엇보다 목적지가 다르다. 도착 지점에 이르면 컨설턴트는 환영과 우대를 받는다.

고객은 컨설턴트가 온전히 자신의 일로 여기고 움직이는지 아닌지를 쉽게 파악한다. 그리고 안심한다. 내게 주어진 모든 일은 오늘 처음부터 온전히 '나의 일'이다.

컨설팅(여)지도를 만들고
인맥내비를 켜라

아무것도 없던 시절, 대동여지도를 만들었던 김정호처럼 컨설팅에도 지도가 필요하다. 내가 움직이는 동선에 대해서는 이미 잘 만들어 놓았는데 또 무슨 지도냐 할지 모르겠다. 지금 말하는 지도는 다름 아닌 인맥지도다. 처음 어떻게 어떤 방식으로 누군가를 만났는지 기록을 넘어 지도로 만들라는 거다. 어디 지역에 사는, 나와는 얼마만큼의 거리에서 일을 하고 있으며 성별과 나이 이름 등을 쉽게 파악되도록 상세히 만들라는 거다. 뭔가 복잡하다고? 하나도 안 복잡하다. 컨설턴트의 김정호까지될 필요는 없다. 나만 알아볼 수 있으면 된다.

한 곳에서 인맥을 만들고 그다음 인맥이 형성된 후 다음의 동선을 살핀다. 앞서 이야기한 골든타임을 적용해 늘어나는 인맥을 지도에 포함시킨다. 차츰차츰 인맥지도가 형성되다 보면 컨설턴트인 나를 어느 지역에서 어떤 사람들이 많이 찾는지 답이 나온다. 또 나를 잘 찾지 않는 사람들에 대한 분석도 쉬워진다. 장사를 하며 시장조사를 하는 셈, 인맥지도가 형성되면 나를 찾는 사람들에 대해서는 보다 효율적으로 다가갈 수 있다. 반대라면 보다 새로운 방법을 만들 수 있어 좋다.

　나의 컨설팅에 대한 고객이 여성 중심으로만 인맥지도가 그려져 있다면 온전히 여성만을 위한 컨설턴트로 일해 볼 계획을 세울 수도 있다. 그러나 그게 아니라면 왜 남성은 인맥지도에서 형성되지 않는지를 고민해야 한다. 이유를 분석하면 해결책이 나온다. 인맥지도를 그린 이유가 바로 그 때문이다. 똑같이 했는데도 잘 안 되었다면 두 가지다. 사실은 나도 모르는 사이 똑같이 안 했거나, 남성들을 대하는 유도 방식에 뭔가 문제가 있던 거다.

　어떤 일이든 성별 그리고 나이에 따라 관심도가 확연히 다르다. 남성들만 주로 사는 곳에서 액세서리를 팔면 안 되는 것과 마찬가지다. 유치원이나 어린이집의 경우 여성 원장님이 좀 더 많지만 모두는 아니다. 나의 경우, 남성 원장님의 인맥지도를 형성하며 그분들에 대한 연구와 조사를 통해 방법을 터득했다. 인맥지도는 결국 내가 편하고자 만드는 것이다. 오래전 대동여지도 덕에 수월한 일이 생겼던 것과 마찬가지다.

처음 가는 길은 어디든 낯설고 같은 거리인데도 마냥 멀게만 여겨진다. 하지만 몇 번 반복해 가다 보면 이후 눈 감고도 갈 수 있을 것 같다. 인맥지도도 마찬가지다. 처음엔 낯설고 멀게 여겨지던 사람들, 그들에게 보다 수월히 가는 방법을 깨닫는 순간이 온다. '아, 그랬구나.' 하며 판단이 되는 순간, 쉬이 그렸어도 될 것을 괜히 복잡하게 그려 왔다는 걸 깨닫는다.

나로 상대를 생각하려 하다 보니 그런 경우다. 상대로부터 나를 판단하려 기준하면 뭐든 쉽다. 의외로 인맥지도는 아주 쉽게 그릴 수 있다. 그 사람이 날 필요로 하는 이유, 그 사람의 상황과 여건 등을 고려해 인맥지도를 만든다. 내가 보는 그가 아니라 그가 보는 나를 중심으로 그리는 거다. 그리고 지도의 방향대로 그를 찾아가 보자. 전보다 조금 빨리 도착한 나를 발견할 수 있을 것이다.

이전보다 빠르게 도착하고 훨씬 편안해진 표정을 보면 상대 역시 전보다 나를 편히 대한다. 이제 염려치 말고 고객의 문을 두드려라. 심장이 전보다 훨씬 고르게 뛴다. 곧 문이 열리고 상대는 웃으며 반긴다.

"왔어요? 그렇지 않아도 기다리고 있었는데요."

그는 또 다른 누군가를 소개하며 이후 인맥지도의 빈 공간을 채워 주게 될 것이다.

나의 인맥지도에 빈 공간이 더 많이 남아 있다면, 아직 나는 많이 게으르다! 또 지나치게 많은 인맥이 지도에 그려져 있다면 실속형 인맥지도가 아니다. 점검이 필요하다. 어떤 각도로 보더라도 컨설턴트와 무관한, 나의 일과 관련 없는 영역이라면 컨설팅여지도에서 과감히 삭제하라.

자, 이제 시동 걸고 인맥내비를 켜라. 준비되었다면 이번에도 출발!

예측 불가 인생의
예측 가능 컨설팅

　인생은 예측 불가다. 하지만 때로는 예측 가능한, 해야만 하는 일도 있다. 사업은 영화가 아니다. 재미로 하는 게 아니다. 영화 역시 보는 사람은 재미로 보지만 만드는 사람은 돈을 목적한다. 예측이 너무 빤한 영화는 관객들로부터 외면당한다. 다음 장면에서 주인공이 어찌할지 빤히 알면 재미가 떨어진다. 그래서 영화는 예측 가능할수록 실패한다. 인생이 재미있는 건 앞날을 몰라서다. 얼마나 스릴 있는 영화인가.

　그런데 사업은 때로 일부러 예측 가능한 일을 작정하기도 한다. 우리가 동네의 작은 구멍가게만 가 보더라도 이 집이 장사가 잘될지 안 될지 대략 느껴진다. 사업엔 통상의 원칙성이 있다. 눈으로 보이는 시각적 이미지가 첫째다. 예로 누가 봐도 안 될 지역이나 자리라는 게 있다. 이 예측 가능한 걸 뛰어넘으며 성공하는 사람이 전혀 없다고는 할 수 없지만, 결코 쉬운 일이 아니다.

컨설팅도 마찬가지, 서비스와 가격 그 외의 모든 것들을 소비자, 즉 고객이 충분히 예측 가능하도록 해야 옳다. 컨설팅의 비법 자체는 비공개하더라도 말이다. 상대가 어느 만큼의 금액을 들였을 때 얼마큼의 서비스가 나올 수 있는지 예측할 수 있어야 한다. 그래야 고객은 불만을 표하지 않는다. 처음 명확한 가격을 제시함으로써 고객이 대비하도록 해 주는 게 좋다. 이는 현장에서 비즈니스를 하는 사업가에게도 마찬가지, 업체에서 벌이는 서비스를 통해 소비자가 어떤 득이 생기는 것인지 예측 불가하다면 그 서비스는 무의미하다.

소비자는 생각보다 난데없는 기대를 하지는 않는다. 영화라면 예측 불가능한 이야기에 기대치를 두고 보겠지만 비즈니스는 다르다. 고객은 서비스와 가격, 기타 그에 동반되는 비즈니스 관련 모든 일을 예측하기 원한다. 그래야 결제 시 더 당당히 요구할 수 있다. 소비자 역시 불만 없이 지갑을 열고 대가를 지불한다.

대부분의 사람들은 자기 그릇보다 조금 더 많은 걸 담으려 한다. 욕심은 끝이 없다. 고객의 그릇에 채워 줄 수 있는 한계를 미리 드러내라. 비즈니스는 퍼즐 게임이 아니다. 고객이 예측 가능한 시스템으로 운영하라. 단, 서비스와 가격 등 전반적인 일에 관해서다. 컨설턴트의 비법은 늘 예외다. 컨설턴트의 업무는 예측 불가라기보다는 일종의 엔지니어 역할로 구분하는 게 바람직하다.

 한 토막 Q&A

Q. 컨설턴트로서의 가장 기본적인 자질은 무엇일까요?

A. 컨설턴트가 되고 싶나요? 그렇다면 자신에 대한 믿음과 체력을 바탕으로 전문가가 되기 위해 공부해야 합니다. 하지만 그것보다 더 중요한 것이 사회적 실천, 그리고 인간적인 성찰입니다. 미래를 한눈에 예견할 줄 아는 능력을 갖추고 남보다 낮추어서 항상 겸손한 자세로 사회적 실천, 모범을 보인다면 그것으로 컨설턴트서의 가장 기본적이지만 어려운 자질들을 갖춘 것이라 할 수 있습니다.

Money making secrets

아홉.

'온전'이 '완전'이 되는 팁

사람은 태어나는 순간 세상의 수많은 기회를 부여받는다. 노력으로 기회를 얻고 그 기회로 돈을 획득할수 있다. 기회는 주어지지 않아 없는 게 아니고 찾지않아 없는 것이다. 기회가 대가로 만들어지면, 대박 주식의 기쁨을 만끽할 것이다. 자기 자신이라는 최고의대박펀드에 투자하라. '그만 벌어도 된다!'고 할 때까지 실컷 벌어라.

세상에서 가장
안전한 주식

돈은 이상하게 쓰지 않는 이상 솔직히 많을수록 좋다. 돈이 많아서 나쁜 것은 없다. 돈이 너무 많아도 문제라고들 하지만 나쁘게 쓰기에 탈이 되는 것이지 긍정적으로 쓰이게 되면 '돈'처럼 좋은 것도 없다.

그런데 돈이라는 것이 참으로 기묘해서 잘못 쓰이면 스스로 구멍을 내는 재주가 있다. 그래서 주인이 소홀한 틈을 타 동료들을 한순간에 그 구멍으로 빠져나가게 만든다. 공을 언덕 위로 차며 올라가 보라. 꼭대기로 올려놓는 게 생각보다 쉽지 않다. 돈 모으는 게 그렇다. 그런데 언덕에 올라가 공을 툭 걷어차 보라. 올라온 때와는 정반대로 내버려 둬도 혼자 떼굴떼굴 잘 굴러간다. 따라 내려가 잡아 보라. 거의 불가능하다. 구멍으로 새어 나간 돈은 언덕에서 아래로 훅 쳐내 버린 공과 같다. 제아무리 빨리 달려가도 잡아낼 재간이 없다.

사람들은 돈을 벌면 잘 알지도 못하는 '주식'에 투자를 한다. 월급을 받아 꼬박꼬박 투자하는 이도 있고 전 재산을 주식에 모두 걸어 놓고 운명을 기다리는 아슬아슬한 인생도 있다. 그것은 안전벨트를 매지 않고 고속도로를 200㎞로 달리는 것보다 더 위험한 짓이다.

세상에는 매우 실용적이며 이후 대박을 낼 수 있는 주식이 있다. 사람들은 그게 뭔지 모른다. 세상에서 가장 안전한 주식이라니, 게다가 대박을 낸다니. 그래, 귀가 솔깃했을 거다. 이 주식은 멀리 있지 않고 누구나 가지고 있는 지상 최대의 핵주식이다. 한 번 터지면 그야말로 소위 말하는 초대박이 된다. 어떤가. 이런 안전 주식을 두고 또 통장 잔액을 모두 다른 위험 주식에 투자하겠는가 말이다.

대체 그 초대박 주식이 뭐냐고? 당장 지갑을 톡톡 털어 투자해 볼 용의가 있다고? 적금을 당장 깨서 투자를 하겠노라고? 노, 노! 절대 그럴 필요가 없다. 이건 투자를 전혀 하지 않아도 되는 초특급 프로젝트다. 이 주식의 이름은 다름 아닌 당신 바로 자신이다. 세상의 온갖 기회를 다 차지할 수 있는 '나'보다 더 귀한 주식이 어디 있는가. 아낌없이 투자하라. 망설이지 말고 투자하라.

세상을 보면 수십억에 이르는 일들이 참 많다. 단가가 훨씬 큰 규모의 일들도 널렸다는 말이다. 이런 일에 컨설턴트로 뛰어들어 성공한다면 결코 무시할 수 없는 돈을 벌 수 있다. 스스로 자신을 얼마나 노출시키느냐에 따라 일의 횟수는 자연스럽게 늘어난다. 컨설턴트로 성공을 한 후, "그만 벌어도 된다."고 누군가 말해 줄 때 분야에서 사업적으로 좀 더 영역을 넓힐 수 있다.

나 역시 현재 어린이집 식품을 납품하고 어린이용품 온라인 판매업으로 큰 성과를 이루고 있다. 이 큰 성과를 만들어 낼 수 있던 기초는 어린이집과 유치원을 전문으로 한 컨설턴트의 역할이 크다. 잘 아는 분야였지만 별도의 준비와 계획으로 일을 시작했기에 가능했다. 컨설턴트로서의 입지와 경제적 기반을 완벽히 갖춘 다음 사업 영역을 확장했다. 또한 컨설턴트로서의 역할을 여전히 수행중 이다. 예전과 마찬가지로 일의 성사성은 꾸준한 편, 수익성도 그만큼 따른다.

사람은 태어나는 순간 세상의 수많은 기회를 부여받는다. 신은 살짝 불공평한 존재일는지 모르지만 기회를 갈망하는 사람조차 외면할 만큼 냉정하지는 않다. 노력으로 기회를 얻고 그 기회로 돈을 획득하도록 재미있는 게임의 장을 마련해 준 거다. 기회는 주어지지 않아 없는 게 아니고 찾지 않아 없는 것이다. 기회가 대가로 만들어지는 바로 그 순간 대박 주식의 기쁨을 만끽하게 될 것이다. 자기 자신이라는 최고의 대박펀드에 투자하라. '그만 벌어도 된다!'고 할 때까지 실컷 벌어라.

명확한 계산이
신용을 부른다

명확하게 하지 않으면 안 되는 것이 바로 계산이다. 평소 커피 한 잔에 몇 천 원을 쉽게 쓰면서도 아깝다는 생각이 들지 않는다. 그런데 뭔가 계산을 하다 거스름돈을 몇 천 원 덜 받은 걸 이후 알게 되면 굉장히 아깝다. 커피 한 잔 값과 같은 금액인데도 기분이 영 별로다. 이렇게 다른 이유는 내가 날 위해 쓴 돈과 타인으로부터 계산된 금액이 주는 차이에서 비롯된다.

컨설턴트를 하려는 사람들에게 항상 강조하는 것 중 하나가 계산을 분명하게 하라는 것이다. 상대가 약속대로 계산을 이행하지 않는 데는 이유가 있다. 당연히 돈이 부족해서다. 어떻게 해서라도 덜 주거나 늦게 주려는 이유도 갖가지다. 중요한 것은 이후 이런 문제를 발생시키지 않게 하기 위해서는 처음 계산에 대해 명확히 인지시키고 출발하라는 거다. 언뜻 계약금을 좀 더 더 줘도 괜찮다는 식으로 얘기하면 안 된다.

사람의 관계에서, 특히 일적인 부분에서 '돈'보다 더 흔한 문제는 없다. 항상 문제의 시작도 끝도 대부분 그놈의 돈이다. 돈을 벌기 위해 사업을 한다. 돈을 벌기 위해 직장을 다니고 돈을 벌기 위해 아르바이트를 한다. 컨설턴트 전문 지식으로 누군가의 일에 큰 영향을 끼친 이유로 대가를 받는다. 그 역시 돈이다. 이 돈이 문제를 일으키면 아무것도 할 수가 없다.

일에 대한 협의가 이뤄지면 계약서에 분명히 날인하고 처음 계약금 등 이른바 '돈 약속'이 잘 치러지는 경우에 한해서만 일을 진행한다. 시작이 반이라는 말이 여기서도 통하는데, 처음 약속을 불이행하는 사람은 이후로도 번번이 그런다. 특히 돈에 대한 습관은 바꾸기가 더 어렵다.

계약금, 완금 등을 늦게 주거나 자기 편의대로 나눠 주거나 아예 안 주는 사람이 있다. 면모를 살펴보면 이전에도 금전적인 일로 충돌한 경우가 많다. 처음 돈에 대한 약속이 불이행되면 출발 자체를 하지 말라 이른다. 고생은 고생대로 하고 대가를 얻지 못할 수 있다. 진짜 제대로 하려는 사람은 돈에 대한 약속을 온전히 지킨다. 고객 역시 스스로 돈이라는 문제를 발생시킬 경우 일이 온전히 마무리되지 못한다는 걸 안다.

돈 얘기에 주저할 게 없다. 컨설턴트의 대가로 받게 되는 돈은 온당하며 온전한 것이다. 합당한 대가를 요구하는 데 주저할 이유가 없다. 명확한 게 서로에게 득이다. 대충 얼버무리는 사람이라면 상대도 하지 마시라. 셈이 흐린 사람은 어차피 운영도 흐리다. 사람 관계 역시 흐릴 수밖에 없다. 하나를 통해 자신의 나머지를 드러내는 거다. 그래서 하나를 보면 나머지 아홉 개가 파악되니 하나를 보면 열을 안다 하는 거다.

처음 계약금을 충분히 받고 진행하는 것이 바람직하다. 물론 일의 특성에 따라 조금씩 다를 수 있지만 규모의 크고 작음은 따질 필요 없다. 돈이 많든 적든 일단 계약금을 충분히 받고 일을 시작하라는 거다. 관계된 일에 대한 계약서 작성으로 문서화해 두고 문제없이 출발하라는 거다. 십 원이라도 계산이 틀리면 얘기하라. 나는 계산만큼은 분명한 사람이라는 인식을 주는 게 좋다. 일은 제대로 하지 못하면서 결제금만 달라 한다면 돈만 아는 사람으로 비춰질 수 있으나, 제대로 일하고 난 다음 완금을 명확히 달라 요하는 건 오히려 카리스마 있어 보인다.

금액을 조금 저렴하게 해 줄 의양이라면 처음부터 그 금액을 부르고 낮춰 주었다는 걸 분명히 밝히고 가라. 하지만 무조건 깎아 줘도 안 된다. 대가를 낮춰 주는 건 특수한 경우에만 해당한다. 왜냐하면 컨설턴트는 정보 제공을 대가로 돈을 받는다. 원가가 생각보다 비싼 일이다. 눈에 보이는 것이 아니니 상대에게 쉽게 주고받는 것 같지만 절대 아니다. 기계로 만들어 낸 쌍

등이 제품보다 훨씬 더 비싼 값어치다.

같은 포맷으로 작업하더라도 매번 상대하는 사람이 다르기에 실은 새롭게 하는 셈이다. 따라서 덤핑 판매를 해서도 안 되며 그럴 수 있는 상품도 아니다. 그리고 이유 없는 할인이 가능하다면 누구는 되고 누구는 안 되는 식이 될 수 있어 이후의 관계성에도 좋지 않다. 수수료가 나의 경우처럼 총 매매비의 2%로 책정되었으면 플러스마이너스 없이 딱 그만큼만 받으면 된다.

처음 약속과 달리 계약서에 명시된 금액이 달라졌다면 그 자리에서 곧장 일어나라. 겸손히 행동하는 것과 계산을 분명히 하는 것은 엄연히 다르다. 예의 바르라는 건 무조건 고객에게 맞춰 준다는 의미가 아니다. 오히려 돈 계산은 서로 명확할 때 예의를 지키는 거다. 단, 컨설턴트 역시 뭔가 계산할 일이 생기면 날짜와 시간을 명확하게 지켜야 한다.

자신의 대가에 대해 떳떳하게 응대하는 사람이 더 신용 있어 보인다. 대가를 지불하는 사람만 신용이 필요한 게 아니다. 대가를 당당히 받는 사람도 온전히 주장해야 신용 있어 보인다. 내가 그만큼 이 일에 대해 성실히 임했다고 주장하는 것이기 때문이다. 일을 잘한다면 대가를 더 지불하고서라도 함께해 달라는 사람들이 줄을 선다. 정확히 계산해 달라고 말하면 자칫 딱딱한 사람으로 오인할까 착각하는데 절대 그렇지 않다. 인간관계성에 평소 문제가 없었다면 고객 역시 그렇게 받아들이지 않는다.

날짜가 지켜지지 않으면 확실히 얘기하시라. 기다려 주기를 반복하면 어느 순간 안 줘도 되는 줄 안다. 무서운 착각으로 이어질 수 있다. 이는 고객을 위해서도 좋은 것이다. 고객도 흐릿한 셈을 하게 되면 습관이 되어 좋지 않다. '왜 완금을 안 주지?' 고민 말고 돈 계산, 분명히 하라. 늘 이르는 말이 있다.

"고객에게 돈으로 인심 쓰지 말고 정보로 인심을 써라."

단점을 극복하는
가장 쉬운 방법

현재 다루고 있는 유아용품의 단점과 장점을 이야기해 보겠다. 유아용품의 단점이라면 고객의 한정성이다. 언뜻 생각해도 이해될 것이다. 유아용품이 필요한 사람은 유아들이기 때문이다. 그래서 소비자층의 한계가 있다. 유아들의 부모가 그 한계의 중심이다. 그래서 애써 단점을 찾으려 하면 그 부분이 될 것이다.

만약 이 부분만 놓고 계산을 한다면 시장성이 작으니 메리트가 크지 않다고 여길 수도 있다. 이 이야기를 하는 이유는 컨설턴트의 길로 들어섰을 때 내가 하려는 일의 단점이 크게 부각되어 보일 수 있기 때문이다. 시장성, 가격 등 여러 가지가 이에 포함된다.

내가 사업을 벌여 승승장구하는 것은 우선 컨설턴트로 벌어들이는 수익구조가 탄탄하기도 하지만, 유아용품으로 벌어들이는 수익도 만만치 않다는 데 있다. 이는 단점보다 장점을 극대화시켰기 때문이다. 왜냐하면 구매층에 한계성이 있다는 게 살짝 단점일지 모르지만 그만큼 일반 매장에 많지 않아 반대로 매력적일 수 있다 판단한 거다.

어떤 일에는 모두 장점과 단점이 존재한다. 모두가 장점뿐인 일은 없다. 대기업도 여러 관계성에서 말썽이 생긴다. 단점이다. 컨설턴트로 들어서다 보면 잘 몰랐던 시장을 알게 되지만 그에 따른 단점도 보인다. 단점을 극복하기 위한 가장 쉬운 방법이 있다. 그건 바로 다름 아닌 장점의 극대화다. 장점을 극대화시키다 보면 단점은 자연스럽게 사라진다.

시중 매장에 거의 존재하지 않는 어린이용품을 온라인으로 판매하며 주도권을 선점해 나갔다. 이는 매출로 이어졌고 높은 부가가치 창출을 이뤄 냈다. 어떤 일이든 장점이 존재한다. 이 일의 가치를 극대화시킬 수 있는 방법을 빨리 찾는 게 관건, 소비자와 연결고리를 만들어야 한다. 장점을 명확히 파악하고 그에 따른 부가적 비용, 시간 등을 계산하라. 계산을 마쳤다면 눈에 보이는 투자가 가능하다.

앞서 돈을 함부로 쓰지도 말 것이며 마구잡이 비즈니스로 하지 말라 일렀다. 리스크가 커 그렇다. 장단점을 명확히 구분할 능력이 생겼고 그 장점을 극대화시켜 상품으로 만들 재주가 있다면, 그리고 전략을 펼칠 기획이 충실하다면, 투자할 수 있다. '돈이 많으니 무조건 투자하고 본다.'가 되면 여전히 안 되고 어떤 일에 대해 '장단점을 명확히 파악했으니 투자해 본다.'가 되어야 한다.

리스크가 가장 적은 최적화 상태라면 컨설턴트로 성공한 다음 비즈니스 영역을 개척, 더 많은 부가가치를 창출하자.

때론 포기가
더 아름답다

컨설턴트로 일을 진행하다 보면 나의 마음과 달리 상대가 계획을 변경하는 경우가 생기게 마련이다. 애초 계획했던 매매를 철회하기도 하고 사업 구상을 무산시키기도 한다. 상대는 늘 나의 마음대로 움직이지 않는다. 상대가 확고한 사업적 신념이 없을 경우 잔뜩 늘어놓기만 한다. 뭔가 할 것처럼 움직이다가도 어느 순간 갑자기 일을 중지해 버리는 거다.

넉넉한 자본으로 출발했지만 고객 역시 다른 일로 예상치 못한 사건이 발생한 경우, 다른 사업으로 눈을 아예 돌리려는 경우, 그냥 현 상태를 유지하려는 경우 등 상황도 갖가지다. 이럴 때 판단이 빨라야 한다. 상대가 재차 심사숙고를 하고 원래 계획대로의 상황으로 갈 수 있는가를 빨리 알아내야만 한다.

판단은 컨설턴트의 몫이다. 자꾸 고객에게 불편을 주며 묻지 말고 스스로 해결할 수 있는 상황을 만들어야 한다. 고객이 애초 원하던 정황을 전하며 현재 가능하다는 이야기를 건네라. 고객은 당장 성사를 해야 하는 상황임을 인지하고 결국 자신의 입장을 털어놓을 것이다.

정황 파악이 되면 다시 돌아갈 공산이 있는지, 있다면 그 가능성은 얼마큼이며 언제인지를 분석한다. 성공 사례와 비교하면 어렵지 않다. 전에 성공한 사람들의 데이터를 살펴라. 그럼 답이 쉽다. 순조롭게 된 일과 일치하는 지점이 많다면 가능성이 높다. 그런 경우라면 고객은 아직 포기 쪽으로 가닥을 잡지 않았을 가능성이 높다.

그와 반대로 순조롭게 성사되었던 일들과 일치하는 게 매우 적거나 아예 없다면 성사될 확률은 거의 없다. 이때는 과감하게 포기하는 편이 낫다. 상대가 처음의 계획에서 상당한 변화를 줬기 때문이다. 특히 경영일선에서 오래 일하지 않은 고객일 경우 더욱 그런 현상이 두드러진다.

예로 어린이집을 매매해 운영하고 이후 더 큰 건물을 매매 혹은 임대해 다시 운영을 잘 이끄는 경우, 또 다른 건물에 대해 매매 의사가 생긴다면 포기할 확률은 크지 않다. 부가가치를 높이는 방법을 고객도 잘 알고 있어서다. 대충 알아보려는 고객은 대충 포기하는 경우가 많다.

안 될 것은 빨리 포기하고 그 시간에 차라리 다른 고객과의 시간을 더 갖는 게 득이다. 컨설턴트는 물건 장사가 아니다. 다시 강조하지만 컨설턴트는 정보의 판매자다. 무형의 기능을 현실의 유형화로 바꿔 주는 작업을 하는 직업이 바로 전문컨설턴트다. 상대가 일에 대한 관심도가 상당히 사라졌다면 애써 권할 필요도 이유도 없다. 유형의 물건이라도 마음이 돌아선 고객에게 다시 판매하기는 실상 어렵다.

정보는 절대 구걸하듯 판매해서는 안 된다. 고객이 나를 온전히 필요하도록 만들어야 제대로 일하는 컨설턴트다. 처음엔 나라는 존재를 알리기 위해 애써야 하지만 어느 궤도에 이르면 이를 중지하고 고객이 먼저 나를 찾도록 유도해야 한다. 그때까지가 산중턱에서 정상에 오르는 단계다. 정상에 올랐다면 이제 예비고객이 먼저 내 번호를 누를 수 있도록 대중적 미디어를 적극 활용해야 한다.

100% 성사 불가능이라면 빨리 포기하고 다른 일에 매진하라. 한참 후 고객이 다시 계획이 서면 찾아오게 된다. 나의 실수가 아니라는 걸 고객도 안다. 다만 그렇더라도 포기한 고객에게 최대한 친절히 대하라. 당신 때문에 내가 시간만 낭비했다는 식으로 대하면 영원히 인연은 끊겨 버린다.

웃는 얼굴 앞에 대고 트림하는 사람은 없다. 포기할 수밖에 없는 고객도 나의 소중한 고객 중 한 명이다. 우리가 어느 상가

를 들어가 애초 구매하려던 게 없어 빈손으로 나오는데도 주인
이 친절하게 인사를 건네면 다음에 다시 찾게 되는 것과 같다.
사람은 본디 물건만큼은 아니지만 물건 파는 사람도 제법 기억
한다. 컨설턴트는 무형의 판매라서 그 반대다. 사람을 더 기억
한다.

　때론 포기가 더 아름답다!

아직 도로를
확장할 때가 아니다

가끔 필요 없는 공사를 하느라 세금을 낭비하는 바람에 국민들로부터 질타를 받는 공무원이나 관공서를 보곤 한다. 이 규모가 작을 땐 그나마 실수로 여기지만 단위가 클 경우는 내 지갑에서 순간 돈이 훅 빠져나간 것처럼 아깝다. 실로 내가 낸 세금으로 그리 된 것이니 아까운 게 이상한 일도 아니다. 그럴 때마다 차라리 그 돈으로 다른 일을 할 것이지, 하며 혀를 찬다.

무리한 도로확장공사로 인해 어마어마한 세금이 낭비되었단 보도를 접한 적이 있다. 도로라는 것이 차의 이동을 파악한 후 시행돼야 하는데 탁상행정이다 보니 이런 참사가 발생한 거다. 컨설팅을 시작하고 돈을 제법 만지기 시작하면 가장 먼저 실수하는 것이 있는데, 다름 아닌 무리한 도로확장공사다. 경제적 여유가 생기니 이곳저곳 기웃거리는 것이다.

사람은 손에 돈만 쥐어지면 그 돈이 손에 쥐어지기까지의 과정을 금세 잊는다. 어찌 번 돈인데 그리 쉬이 계획하는 건지 알 수가 없다. 일단 컨설턴트로서 확고히 자리를 잡을 때까지는 다른 곳으로 눈을 돌리지 않는 게 정답이다. 이제는 눈 감고도 다 할 수 있다는 자만이 다른 일에도 자만을 잉태한다. 내가 달릴 필요가 없는 도로를 만들어 낭비하는 것이다. 컨설턴트가 되기 위해 노력한 만큼이 아니라면 다른 일 역시 쉬이 성과를 내지 못한다.

돈이라는 요괴는 사람을 쉽고 편하게 유혹한다. 그 마법은 돈만 갖고 있으면 이내 빠져든다. 돈만 있으면 다 될 것 같은 일도 오히려 그놈의 돈 때문에 망하기 일쑤다. 이미 스스로 컨설턴트로 일해 오며 컨설팅 전문가를 부르지 않은 채, 돈을 믿고 아니 돈만 믿고 일을 벌인 사람들의 말로를 보아 왔는데도 불구하고 허망하게도 같은 실수를 한다.

컨설턴트의 성과가 높아 많은 대가를 받았다 할지라도 이내 사업적으로의 영역을 확장하지 말라는 거다. 내가 당장 가장 잘 아는 건, 또 가장 잘하는 건 컨설턴트 분야이지 다른 분야가 아니다. 어린이집과 유치원의 컨설턴트전문가로 일하는 나라고 해서 무작정 유치원운영을 완벽히 잘할 수는 없다. 그 안의 영역은 또 다른 의미다. 그런데 가끔 영역 밖 비즈니스를 돈만으로 이루려는 사람들이 있다.

아직 도로를 확장하면 안 된다. 확장할 때가 아니다. 계산되지 않은 투자로 많은 돈과 시간을 단기간에 잃을 수 있다. 실수를 범하면 처음으로 돌아가는 거다. 사업의 확장은 그야말로 경제적으로 온전함을 넘어 완벽에 가까울 때, 아니 그 이상일 경우에 시행한다. 더군다나 모르는 분야는 일단 금물이다. 모르고 덤비면 먼저 물리게 된다. 작아 보이는 뱀이라도 독을 품고 있으면 무는 즉시 사망에 이른다. 내가 돈 쓰고 내가 피를 흘리는 멍청이가 된다는 말이다.

현재 어린이집 식품을 납품하고 어린이용품 쇼핑몰을 운영하기도 한다. 연간 수십억 원대의 매출을 기록 중이다. 이는 컨설턴트로서의 확실한 안정이 구축된 이후 시행한 것이다. '아, 제법 돈이 벌리는구나.' 싶은 단계에서 시작한 게 절대 아니다. 처음엔 영역 확장에 대해선 아예 생각도 하지 않았다. 충분한 궤도에 오르지 않고는 못하는 게 새로운 사업이다. 그리고 나의 경우 무엇보다 잘 아는 아동산업의 범주다. 그 범주를 벗어나지 않았다는 걸 알아야 한다.

충분히 능숙한 분야임에도 급히 도로확장을 하지 않았다. 사업이 얼마큼 궤도에 오르고 경제적으로 좀 풍요해졌다 해도 그 평행선을 유지하는 건 쉽지 않다. 어느 궤도에서 그 평행선을 오래도록 유지하려면 앞서 누누이 강조한 수많은 일들이 온전히 지켜질 때 가능하다.

그 인내 이후가 된 다음에야 영역의 도로확장이 가능한데 전혀 모르는 혹은 간접적으로 겨우 아는 일은 절대 해서는 안 된다. 대기업조차도 전혀 다른 사업에 손을 댔다가 일을 그르치기도 한다. 물론 대기업이야 워낙 돈이 많으니 한 분야의 손해를 감수하면 그만일지 모르지만 개인은 다르다. 대기업조차도 멋모르고 도로를 확장해 후회하는 마당에 개인의 옅은 판단으로 확장한 도로가 얼마나 제구실을 해낼 수 있으랴.

세상, 돈으로 안 되는 일이 어디 있느냐고 하지만 그건 진짜 돈을 잘못 알고 있는 사람들의 얘기다. 그른 일에 통용되다 와전된 탓, 돈 주면 안 될 일도 성사되고 돈이면 법이라는 테두리도 넘어설 수 있다고 한다. 불합리와 손을 잡을 때 돈은 안 되는 게 없긴 하다. 하지만 옳은 사업은 무작정 돈만으로는 안 된다. 특히 개인사업의 경우에는 더 그렇다.

그러나, 그럼에도 불구하고 사업체를 움직여 보고 싶다면 컨설턴트로서의 기반이 확고할 때 하라. 집 한 채, 빚 제로의 상황, 투자자금 이상 별도의 현금을 몇 배로 확보한 상태에서. 만일 그만큼 확보되어 있지 않다면 컨설턴트로 더 오래 일하라.

동기 부여를 통한
직원 관리법

　자신의 사업이 잘 이뤄지면 함께 일을 진행할 인재, 즉 직원이 필요해지는 때가 온다. 이때는 최소의 인원만 뽑는다. 앞서 이야기했지만 남에게 보여 주려고 사업을 하는 게 아니다. 아, 다시 말하지만 이 경우 컨설턴트로서 확고한 자리를 잡은 후 조금 더 영역을 확장, 사업을 펼친 경우를 말하는 것이니 절대 헷갈려 하지 마시길.

　직원이 생기면 내가 돈을 주고 부리니 내 마음대로 해도 된다는 생각을 버려라. 직장 생활을 해 봐서 잘 알면서도 반대가 되면 쉬이 잊는다. 직원 스스로, 즉 능동적으로 일할 수 있는 재미를 주라는 말인데 이는 동기 부여에서 시작된다. 인센티브를 약속해서 자신이 일한 만큼의 대가를 가질 수 있도록 하라.

세상의 모든 회사가 이런 식의 구조를 갖고 있다면 노조 결성은 불가할 것이다. 직원에게 스트레스를 주는 오너가 되면 안 된다. 직원이 나의 일을 해 주고 대가를 가져간다고 여기지 말고 자신의 일에 충실해 감사의 대가를 준다고 여기자. 직원은 나의 1차 고객이다. 나의 1차 고객도 만족시키지 못하면서 어떻게 그 많은 고객을 만족시킬 수 있으랴.

직장을 때려치우고 컨설턴트로 입지를 다진 후 사업 영역을 확장, 이후 들어온 직원에게 내가 직장에서 근무하며 받았던 스트레스를 그대로 주고 있다면 얼마나 잔인한가. 개구리가 올챙이 적을 잊은 꼴이다. 직원을 두게 되면 늘 내가 직장을 다니며 받았던 스트레스를 떠올려 보라. 내가 지금 혹시 그보다 더 잔인한 사람이 된 건 아닌지 이내 답이 나올 것이다. 그리고 혹시라도 실수가 있거든 직원이라 하더라도 사과를 건네라. 나의 체면이 절대 구겨지지 않는다.

실수는 누구나 할 수 있지만 사과는 누구나 할 수 있는 게 아니다. 오너가 자신의 실수를 인정하고 사과하는 건 결코 체면을 갉아먹는 일이 아니다. 직원이 나로 인해 모멸감을 느끼는 순간, 자신의 존재감을 상실하는 순간, 오너의 체면은 백배 더 구겨지는 것이다. 직원 역시 오너에 대한 장단점의 구별을 하는데, 오너가 단점이 너무 부각되면 장점은 있어도 보이지 않는다.

직원이 내 눈치를 본다는 건 이미 자신의 일을 하려는 게 아니라 남의 일, 회사의 일을 지시대로만 하고 있다는 증거다. '오너 마음에 들면 좋고 아니면 어쩔 수 없지, 뭐.'가 되는 거다. 자기가 일에 대한 동기 부여가 전혀 되지 않았을 때, 직원은 오너의 눈치를 보기 마련이다. 따라서 동기 부여를 통해 능동적으로 일할 수 있는 재미를 주자.

'온전'이 '완전'이 되는
대가의 가치

아주 오래전 수많은 남녀가 옷을 모두 탈의한 채 한 쇼핑몰로 들어가는 모습이 해외토픽에 보도된 적이 있다. 우리나라가 아니니 다행이다. 만약 우리나라였다면 아마도 엄청나게 욕을 먹었을 거다. 어쨌든 그때 대체 무슨 일이기에 옷을 전혀 입지 않은 채로 그 많은 사람들이 쇼핑몰로 향한 것일까.

이유를 들어 보면 살짝 어이가 없다. 이 업체에서 단가가 높기로 소문난 옷을 공짜로 준다고 한 것인데, 옷을 모두 벗고 들어오라는 단서를 붙인 것. 세상 얼마나 비싼 브랜드이기에 하고 보니 일반 직장인들은 웬만해선 사기 힘든 액수, 그래서 당시 '와! 공짜가 얼마나 좋으면…….' 하다 이내 그 생각을 바꿨다.

그런데 또 생각을 바꾼다. '그게 정말 공짜일까?'라는 생각 때문, 비싼 옷을 거저 준다는 말에 그들은 정말 단 한순간의 고민도 없이 무작정 옷을 벗어 던졌을까 하는 판단 때문. 아마도 몇 번은 고심했으리라. 이를 기획한 업체도 알고 보면 '설마 그런 제안에 얼마나 들어오겠어?' 했을 거다. 공짜로 준다 했지만 실은 공짜가 아니었기에.

어찌 되었든 어느 쪽이 성공한 것인지 알 수 없다. 어쩌면 브랜드 측은 옷값이 많이 나갔을 테고 사람들은 숱한 시선을 감수하면서도 옷을 얻었다. 그때 사람들은 '공짜가 그리 좋을까?' 했다. 하지만 다시 생각해도 그건 부끄러움을 온전히 내어주고 대신 얻은 대가다. 알고 보면 이 특별하고 희한한 '공짜 증정'에 진짜 공짜는 애초 존재하지 않는다.

세상에 공짜가 정말 있을까? 대형마트에 가면 무료시식 행사라고 붙어 있는 코너가 있다. 그래, 공짜 같아 보인다. 먹고 돈을 안 내도 누구 하나 시비를 걸지 않는다. 그런데 사람들이 한두 점은 먹어도 그 이상을 먹지 않는다. 아니, 못 먹는다. 더 먹으면 동일한 원 제품을 구매해 줘야 할 것 같은 부담감 때문이다.

그리고 몇 번을 아무렇지 않게 찍어 먹는 사람이 생기는데 그는 이미 살 작정을 해서 겁이 없어 그렇다. 즉, '나는 이 무료 시식을 무료로 하는 게 아닙니다.' 하는 무언의 답, 무료라 해 놓고도 실은 상대에게 묵시적으로 '네가 사지 않을 거면 많이는 먹지 마' 하고 강요한다. 그리고 시식 행사를 하면 다른 제품보다 몇 배로 팔린다. 절대 공짜가 아닌 셈이다.

휴대폰 가게 앞을 지나면 공짜라고 쓰인 걸 자주 목격한다. 아닌 줄 알면서도 발길을 가끔 멈추는 바보들이 있다. 세상 어느 휴대폰 가게도 휴대폰을 절대 공짜로 주지 않는다. 결국 밖으로 나서며 "그래 세상에 공짜가 어디 있어?" 하며 허탈해한다.

그런데 말이지, 날 더러 공짜로 거저 달라 한다. 다른 것도 아니고 나의 정보를 말이다. 세상 대형마트 무료 시식코너도 알고 보면 공짜가 아닌데 생날로 나의 정보를 거저 가지려 하다니. 어이가 없다.

언젠가 나를 찾아온 유치원 원장이 있다. 반가운 마음에 따뜻하게 맞이했다. 그는 유치원의 운영이 너무 어려워 폐원을 결심한 상황, 매매나 인수 문제로 찾아왔나 싶었는데 그게 아니다. 이유인즉 어린이집과 유치원 컨설팅에 대해 배우고 싶어 찾은 거란다. 분야에서 일하던 사람이니 수월할 수 있단다. 그런데 문제는 아무런 대가도 없이 그저 알던 사람이니 알려 달라는 식이다.

마치 맡긴 물건을 찾으러 온 듯 당당하다. 직접 운영하던 유치원이 왜 문을 닫을 지경으로 운영되었는지에 대한 파악은 둘째로 두더라도, 자신이 직접 뭔가를 새롭게 학습할 작정으로 전문가를 찾아와 놓고서는 한번 해 보라는 듯 시늉한다. 그는 첫

째 엄청난 결례를 한 것이고, 둘째 그렇게는 배운다 해도 소용이 없다. 배울 사람의 근본이 잘못된 거다.

왜 운영이 안 되었는지를 곧장 깨달았다. 대문이 고장 난 지 한참이 지났는데도 고치지 않는 집에 가 보면 대부분 방문이나 창문도 고장 나 있다. 하나를 재면 열을 계산하는 게 컨설턴트다. 잘 알지 못하면 시작도 할 수 없고 해도 백 프로 망한다.

내 명함에 'OO전문 컨설턴트'라는 이름은 거저 생기는 게 아니다. 자기 걸 제발 사 가라고 먼저 소리치는 업체도 알고 보면 공짜가 아닌데, 하물며 가르쳐 달라 먼저 찾아와서는 공짜로 달라 하는 경우는 뭐란 말인가.

일류호텔의 한식 주방에서 진급하려면 2년 동안 고등어만 닦아야 한다는 걸 본 적이 있다. 그런데도 그걸 묵묵히 해내는 젊은이를 보았다. 곧 죽어도 호텔주방의 쉐프가 꿈이란다. 그게 너무 좋아 견딜 수가 없단다. 그렇다면 하면 된다. 그래도 힘들지 않느냐는 말에 공짜가 어디 있느냐며 웃는다. 맞다. 세상엔 거저 주는 장사꾼 없고 거저 살 수 있는 물건은 어디도 없다.

그러던 어느 날은 한 술 더 뜨러 온 사람도 있다. 컨설턴트 비법을 자세히 알려 달란다. 가르쳐 주면 이후 폐업하려는 곳으로 가서 그대로 잘 전수해 주겠단다. 이 기막힌 말엔 웃음도 나지 않았다. 세상일을 얼마나 만만히 보고 있으면, 세상의 일을 얼마나 평면적으로 해석하고 있으면 그런 생각이 가능한 걸까. 그야말로 가당치 않아 입이 다물어지지 않았던 기억이 있다.

설마 컨설턴트의 가치를 동네 커피숍에서 수다를 떨 듯 챙길 수 있다고 생각한 걸까? 아픈 사람이 어머니인데 아들이 의사를 찾아와 아픈 곳을 설명할 테니 치료법을 알려 달라는 것과 무엇이 다른가. 설사 치료 방법을 일러 주면 가서 뭘 어찌하겠다는 말인가. 세상 어떤 의사가 그에게 치료법을 일러 주랴. 그리고 그 치료가 그리 쉬운 거라면 의사가 왜 존재하느냐 말이다.

미안하지만, 나는 누군가에게 컨설팅의 비법을 공짜로 가르쳐 줄 마음이 조금도 없다. 대가를 그리 바라느냐고? 그렇다. 그게 이상한가? 나는 대가를 지불하고 배울 생각이 없는 사람이라면 애초 성공할 수 없는 사람이라 여긴다. 성공할 수 없는 후배를 왜 가르쳐야 하는가. 대가의 몫을 목적해 그런 게 아니다. 실패하지 않을 사람을 가르치기 위해서다.

최고의 쉐프에게 요리 비법을 배우려 한다면 그에 맞는 대가 지불은 당연하다. 그게 죽어도 어려울 지경이라면 그가 쓰는 칼이라도 숫돌에 갈아야 하고, 넘치는 설거지도 마다하지 않을 각오를 해야 한다. 내가 얻으려 하면 그에 응당한 대가는 기본이다. 절대 거저 가지려 하지 마시라.

내가 사진이나 화장품 관련 컨설턴트로 일해 볼 작정이라면 사진전문가와 화장품 전문 컨설턴트로부터 교육을 받아야 한다. 전문가들에게 처음 밥 한 끼를 사면서부터 일은 시작된다.

그들은 이미 성공한 사람들이다. 밥 한 끼를 걱정하는 사람들이 아니다. 그래서 배우고자 하는 이가 더 사야 옳다. 그들의 가치는 이후 내게 무한으로 작용할 수 있다.

거저 얻으려 하면 아예 얻지 못할 확률이 높고, 쉽게 가지려 하면 쉬이 망하게 마련이다. 내가 대가를 온전히 지불하고 온전한 정보를 이수받을 때 제대로 내 것이 되는 거다. 온전함이 완전함으로 재탄생되는 것이다. 대가의 가치는 그래서 소중하다. 내가 얻는 정보의 가치, 그 가치를 얻기 위한 대가는 당연하다. 결국 그 대가는 지식이 되고 정보가 되어 내 것이 된다. 결국 내게 준 행복한 뇌물인 셈이다!

다시 한 번 강조하지만 세상에 공짜는 없다. 나 역시 공짜로 내공을 전수해 줄 마음은 절대 없다.

동그라미
마을 밖에서

왜 좀 더 자세히 알려 주지 않느냐 물을 수 있겠다. 최소한 어린이집이나 유치원의 허가 절차쯤은 상세히 알려 줘야 할 게 아니냐며 화낼 수도 있겠다. 그 역시 내내 이야기했듯 그대가 당장 욕심낼 상황이 아니다. 몇 번 강조했듯 쉽게 혹은 거저 얻으려는 사람에게 컨설팅 노하우를 전수해 줄 마음은 없다. 그래서도 안 된다. 책 몇 줄로 쉬이 되는 일이 세상 어디 있으랴.

컨설팅을 위한 컨설팅을 계획 중이다. 뭐든 신중한 내가 대충 준비하겠는가. 컨설팅전문가를 꿈꾸는 사람들을 위한 강연 등을 기획 중이다. 보다 더 많은 사람들이 전문컨설턴트로 일하는데 힘이 되고자 한다. 같은 범위의 일을 계획하고 있지 않더라도 상관없다. 컨설턴트의 기본 골자는 비슷하다.

컨설턴트가 되고 난 다음 아파 본 적이 없다. 직장을 다닐 때의 수고로움은 옛날이야기가 되어 버렸다. 동그라미 마을 밖으로 과감히 뛰쳐나오던 때, 새로운 운명이 반겨 주었다.

이 책을 덮는 순간 깊이 고민해 보라. 나는 현재 얼마나 행복한가. 지금 현재 목표한 바를 이룰 수 있는 확률은 과연 몇 퍼센트인가. 그 꿈을 이루고 난 후 10년 후를 다시 상상하라. 그게 어렵다면 내 꿈을 미리 이룬 사람들을 만나 보라. 내 생각만큼 행복해하고 있는지, 그렇다면 그대로 달려라. 하지만 혹시라도 행복해하는 척하고 있는 자신을 발견했다면 다시 고민하라.

동그라미 마을 밖은 아직도 별천지다. 아직 임자 없는 땅이 수두룩하다. 먼저 찜해 놓으면 누구도 가질 수 없다.